Paradis gigogne

DU MÊME AUTEUR

Ouvrages collectifs

Gigogne, dix années de Manifeste Circulaire, *2026*

Le tableau et nos ombres, *essai, Manifeste Circulaire V, 2024*

Une vie minime, *essai, Manifeste Circulaire IV, 2022*

Échanger les jeux, *essai, Manifeste Circulaire III, 2020*

Bonjour Monsieur Personne, *essai, Manifeste Circulaire II, 2018*

La mort et l'effet d'espace, *essai, Manifeste Circulaire, 2016*

La Correspondance du vin illustré, *Guitardes, 1981*

Gallimard

« Je suis né dans le vin » avec Philippe Perrot, Propos recueillis de Philippe Sollers, *Fugues,* Gallimard 2012 et *Folio, 2014*

Marbre

L'Ecrire, *roman, 2019*

L'Expérience de l'enfance, *avant-propos Michel Rousselot, 2018*

La courbe d'un amour sur le satin d'un sein (deux cent soixante-cinq notes pour une poétique de l'Amour), *Préface Michel Rousselot, 2017*

Les solitaires du troupeau, *roman, Préface Eric Dadoun, lecture Anne Kaufman, 2015*

Les Imprimés de la Bibliothèque de la Résidence

Souvenirs et Cie, 2021 et Souvenirs par cœur, *2025, Préface Jacques Gaillard*

Un Pseudonyme, Quelques états du nom, *2020*

Vita Nova

A peine le ciel, *Préface Nathalie Vuillemin, 2023*
D'un cœur froid, *Préface Michelle Bénel, 2022*

GILLES LAFFON

PARADIS GIGOGNE

L'édition originale de cet ouvrage a été publiée avec l'aide de l'Unité de littérature appliquée francophone. Il constitue le soixante-troisième volume de la collection des *Imprimés* de la Bibliothèque de la Résidence.

Couverture : Native Think
ISBN : 978-2-9590008-4-3

PREFACE

Anne Kaufman

Il n’est pas vain de penser que Gilles Laffon écrit contraint par la « faute », ni cruel d’imaginer que cette faute s’exprime pour du sang et des os. Mais cette constatation, peut-être hâtive, n’est pas le « cœur » de son propos. Ce sont là les outils qu’il choisit, comme d’autres se cherchent des sujets consensuels et souvent banals. Cette façon de faire exige du lecteur un effort supérieur et une acceptation de l’ambiguïté qui va à rebours de l’habitude ambiante du « tout facile ».

Gilles Laffon, qui vit à l’ombre d’une montagne obscure, est un écrivain discret. Cette réserve s'explique sans doute par son refus obstiné d’adhérer à quelque mouvement que ce soit et par son désintérêt pour les revues poétiques, qui toutes l’ennuient. Fort d’une farouche indépendance d’esprit forgée par l’activisme politique et social d’un moment de sa vie, il préfère aujourd'hui la solitude d’une cabane de la haute Ariège aux salons littéraires, aux lectures publiques ou aux ateliers d’écriture qu’il honnit. Cette discrétion est un choix, presque une philosophie. Elle exprime une forme de sagesse qui assume son propre paradoxe :

celui d'être le pouvoir de savoir, justement, ne plus pouvoir. C'est pourquoi les « agonies » (de la mémoire, du corps, de l'identité) transfigurées dans ses derniers livres émeuvent tant. *Un Pseudonyme, quelques états du nom* (2020), *Souvenirs par cœur* (2021) et plus récemment, l'énigmatique *À peine le ciel* (2023) impressionnent pour qui les découvre. Ces « morceaux de cœurs froids » y sont abordés sous l'angle de l'ipséité : qu'est-ce qui fait que « Je » reste « Moi » dans un monde qui tend à nous dissoudre ? »

C'est précisément dans cette approche que réside l'axe le plus frappant de son œuvre : le dépouillement (*D'un cœur froid*, 2022), lié à une forme de retranchement, une mise à distance des émotions faciles. Pour Laffon, le moi profond se trouve dans ce qui reste quand on a tout enlevé. C'est une exploration de vérité intérieure qui passe par une certaine forme d'austérité. La tension entre l'Un et le Multiple (*Les Solitaires du Troupeau 2016*) où la question est posée de savoir : comment rester soi-même (« solitaire ») tout en appartenant à l'espèce ou à la société (« le troupeau ») ? L'unité du sujet est vue comme une résistance, elle explore cette part d'irréductible en nous qui refuse de se fondre totalement dans la masse. Être « soi », pour Laffon, c'est accepter cette solitude fondamentale, même au milieu des autres et enfin, l'existence comme « passage » (*À peine le ciel 2023*). On sent que pour l'auteur, l'homme est un être de frontière : entre la terre (le concret, la douleur) et le ciel (l'aspiration, l'esprit). La définition de soi est ce qui se joue dans cet entre-deux, dans ce « à peine ». Ainsi on a l'impression que la seule identité stable est, pour Laffon, l'acte d'écrire. Dans ses réflexions (notamment dans son ouvrage intitulé précisément *L'Écrire 2019*), il semble suggérer que l'on ne devient vraiment « soi » que par le verbe. Le mot est le miroir qui permet de saisir une essence qui, autrement, nous échapperait. Il s'agit là d'une vision très exigeante de l'individu : la conscience de soi n'est pas un acquis, c'est une conquête permanente contre le silence et l'insignifiance. C'est sans doute ce qui rend son écriture si magnétique et parfois presque intimidante.

Laffon adopte une démarche qui n'est pas sans rappeler celle des mystiques. Ce rapprochement irrigue son écriture comme le concept de « Détachement » (*Gelâzenheit*) qui n'est pas une indifférence, mais une manière de se vider de son « moi » superficiel pour laisser place à l'essentiel. Eckhart parle souvent de l'âme comme d'un « désert » où l'homme doit s'enfoncer pour trouver la vérité. L'écriture elle-même devient cette pratique. Écrire comme on coupe du bois : avec économie, sans emphase, sans chercher l'effet. Écrire comme on allume un feu : en prélevant le strict nécessaire, sans gaspillage. Écrire comme on construit un abri : provisoirement, sachant que tout devra être recommencé. Cette conception de l'écriture comme travail manuel, comme geste répété, comme ascèse, s'oppose frontalement à la conception romantique de l'inspiration, à la conception moderne de la virtuosité, à la conception contemporaine de la performance.

Laffon ne propose pas une spiritualité de consolation ou de chaleur humaine facile ; il propose une spiritualité de la confrontation avec le vide, là où l'être n'est plus soutenu par les autres. C'est une vision de l'existence qui demande beaucoup de courage, car elle refuse le confort des certitudes partagées.

Dans ce cheminement incandescent et d'une évidente puissance formelle, *Paradis gigogne* s'impose comme une expérience littéraire radicale. Porté par une écriture à la fois profonde, sobre et sèche, l'auteur abandonne, au fil des étapes, sa position et ses attaches pour gagner un nouveau surplomb, comme s'il s'arrachait aux situations mêmes qu'il vit, rompant ou hachant ses propres révélations. Ainsi faut-il aborder ce livre avec lenteur, au risque de se perdre en ces dix-huit fragments numérotés, chacun organisé autour d'un verbe inaugural qui donne le ton. Dès les premières lignes, la formule d'ouverture — « Comprendre un beau jour qu'il n'arrive rien de bien, rien de mal » —, introduit l'œuvre et nous plonge brutalement dans les replis d'une conscience où chaque infinitif semble porter le poids d'une culpabilité innommable et d'une aspiration désespérée de rédemption.

De prime abord, se dessine l'ombre d'une errance coupable, celle d'un crime oblitéré qui ne se nomme jamais clairement. C'est une hypothèse obsédante, une présence-absence qui donne à l'œuvre une tension dramatique : « Dépecer brûler disperser puis s'épousseter convenablement » – cet énoncé, d'une froideur clinique, n'est pas qu'une métaphore de la destruction intérieure, il est la description méthodique d'un acte, celui d'un corps qu'on démembre, qu'on fait disparaître, qu'on efface. Si la faute reste voilée, ses conséquences, elles, sont exposées avec une subtile cruauté. Cette atmosphère de suspicion et de paranoïa latente est le résultat d'une conscience qui se sait coupable et traquée, qui tente désespérément de se cacher, de fuir, de se réinventer et de se protéger. La capacité à maintenir une tension dramatique et une atmosphère d'angoisse psychologique extrême sans recourir à la narration classique est une réussite.

De cette déambulation constante, émerge un paysage rural austère et clos, avec ses granges abandonnées, ses champs, ses forêts, ses chemins de terre, ses bêtes sous un ciel pesant de bruine et de vent. C'est un monde marqué par la dégradation : « Évaluer de la maison les pièces connues les pierres assemblées les trous comblés de maçonnerie médiocre les murs fissurés les volets peints puis le verger la clôture et l'allée / Courir les couloirs à l'intérieur le dedans sombre les murs tapissés des mélanges de fumée / Cracher l'odeur familière la chambre jamais aérée ». L'auteur excelle à rendre la matérialité des choses, leur poids, leur odeur, leur texture. On sent la boue sous les pieds, la fumée dans les poumons, la sueur sur la peau. Ce décor se fait purgatoire terrestre et complice de la faute.

La faute qui imprègne l'œuvre n'est pas un artifice narratif. La langue, dépouillée jusqu'à la transparence, se fait l'écho d'une poursuite d'innocence fictive, où le narrateur tente de poursuivre son existence en effaçant sa personne : « Scier les barreaux sauver sa peau et trouver un pseudonyme ». Ainsi se résume la stratégie de survie — fuir, disparaître, se donner un autre nom, une autre peau, une autre identité. Cette stratégie d'évitement culmine dans la section « Se soumettre au secret », où le narrateur semble emprisonné, interrogé, torturé peut-être : « Être encerclé par une foule la bouche humide de crachats jaloux de rancœurs envieuses d'injures encore pâles / Être traîné et se protéger des poings brandis bien décidés à ne pas attendre le fin mot de l'histoire ».

Mais là encore, le texte refuse l'explicite, maintient l'ambiguïté : s'agit-il d'un emprisonnement réel ou d'une prison intérieure, celle de la culpabilité et du remords ?

L'identité (thème cher à Laffon, fil conducteur de ses œuvres) y est mouvante, presque fuyante, portée par le jeu des pseudonymes, ces peaux sociales que l'on endosse pour fuir ou se protéger : « Se composer une personnalité de circonstance pour être objet d'attention ». Même l'enfance n'est pas un refuge, mais un rôle, une option : « Redevenir enfant reste une solution parmi d'autres / Faire semblant ni vu ni connu un peu pour du beurre / Vivre à l'envers pour réparer ses erreurs sans perdre la tête pour autant ». Le narrateur se raconte des histoires, s'invente des alibis, se construit des cabanes mentales pour se protéger de la vérité : « S'encabaner et appeler cela l'humeur vagabonde / Faire passer le corps du côté des étoiles et laisser derrière soi le regard ».

Pourtant, le vrai sujet de *Paradis gigogne* n'est pas la faute en elle-même, mais la manière dont on survit à l'irréparable. Comment vivre avec le poids de l'indicible ? « Nommer paradis ce qui s'ouvre sous la main quand le déboulé du vent joue dans les boyaux » — cette image terrible résume l'ironie tragique du livre. Le « paradis » n'est pas une rédemption, mais une acceptation, celle de persister malgré la culpabilité, de trouver un semblant de paix dans l'épuisement même. Ce « paradis » qui n'est jamais trouvé renvoie à l'acceptation de la chute comme seule vérité possible. De son côté, le motif de la circularité rappelle l'éternel retour du même de Nietzsche. L'échec final n'est pas l'issue, mais la réitération, qui signe une damnation circulaire qui contredit toute progression linéaire dans le temps moral. C'est précisément cette obstination qui fait la force du texte, cette décision de parler quand le silence serait plus facile : « Parler seul derrière la vitre comme planche de salut » — voici toute la poésie âpre du livre, où les mots deviennent le dernier rempart contre l'anéantissement.

Face à ce texte, chercher une résolution serait se tromper de perspective. *Paradis gigogne* demande à être traversé plusieurs fois, chaque marche du paradis se révélant, inlassablement, une marche de l'enfer. Mais plus encore, ce travail qui ose affronter le vide sans jamais tomber dans le pathos ou la facilité, tire sa force de son audace formelle. Le dictat de l'infinitif supprime le sujet si couru en littérature (on connaît l'exécration de l'auteur pour les formes narcissiques du « moi je – moi je » pilier de la littérature contemporaine, d'où, peut-être, sa discrétion comme principe).

Au-delà du style, ce choix du verbe nu esquisse les contours d'une approche littéraire de l'infinitif. En faisant de cette forme impersonnelle son fil conducteur, Laffon explore une nouvelle voie — une forme de "verbe pur" — où l'action se détache du sujet et du temps conjugué pour rechercher une portée universelle.

En refusant les temps conjugués, l'auteur fige la faute dans un présent atemporel, où l'existence n'est plus qu'une série d'injonctions internes comme unique forme de verbalisation : « Se débattre aussi à l'infini / Bouder les regards au carreau ou mieux exercer l'œil aux brumes / Rafraîchir les idées à la pluie quand l'eau glisse sur les poils / Se laisser dérouter par l'uniforme de l'infinitif » – chaque proposition s'offre comme une possibilité, un programme, une injonction adressée à un « on » universel qui pourrait être n'importe qui et qui, paradoxalement, se révèle être un « je » masqué, dissimulé derrière cette énonciation impersonnelle.

En ôtant au verbe son maître, Laffon rend au geste son poids exact : exister sans intention, durer sans direction. C'est là un choix ontologique majeur. Ce mécanisme opère une désubjectivation en réalisant une mise entre parenthèses (une épochè phénoménologique) de la nature profonde de l'être. Le narrateur étant perpétuellement condamné à rejouer son propre crime à travers mille gestes minuscules, dans une mécanique qui s'apparente à la répétition de Kierkegaard (*La Répétition*, où la réitération est le mouvement essentiel de l'existence et du rapport à l'acte). L'action est déréalisée, maintenue dans une tension constante, suspendue entre faire et disparaître. L'absence radicale de ponctuation, déjà présente dans les livres précédents, vient parachever ce travail d'érosion, créant un flux de conscience ininterrompu, tandis que la prose se mue en une série de versets secs, dont la scansion mime l'obstination du souffle à ne pas mourir.

Le narrateur cherche ainsi, au fil des étapes, la purification : « Brûler les témoignages » ou « Déchirer ses vêtements couverts de crachats », mais cette purification est violente, punitive, souvent imposée. Le geste de dépecer comme acte de vérité, poussent la métaphore à l'extrême : la culpabilité devient dévoration, le remords digestion. Le narrateur absorbe littéralement son crime. L'œuvre atteint alors un sommet poétique et morbide, mêlant trivialité et lyrisme dans une sorte d'hallucination rituelle, portée par des figures de style rigoureuses, des métaphores oxymoriques et un rythme presque liturgique qui donne à l'ensemble sa densité.

L'investigation ascétique, sans viser une

illumination vise simplement à survivre à sa propre faute. Lorsque le narrateur écrit : « Délaisser le passé grâce à l'oubli et mieux abdiquer ainsi », on comprend que l'oubli est la seule porte d'entrée vers un paradis hypothétique. Sauf que l'oubli ne vient jamais. À chaque fragment, quelque chose remonte à la surface, comme dans une spirale qui ramène toujours le narrateur vers le centre de lui-même. Cette circularité montre que l'homme ne peut jamais sortir entièrement de lui-même, qu'il brûle les témoignages, change de nom ou traverse ses enfers. Chaque partie croît comme un organisme vivant nourrissant la suivante dans une spirale introspective qui semble se déployer naturellement, sans couture visible.

« Accéder au paradis » est à cet égard d'une ironie déchirante. Le narrateur y décrit un lieu de pacotille, fait de « dauphins des zèbres et des antilopes », de « pétales et paons cerises et citron », d'« encens entêté » et de « plafond de verre ». Un paradis qui ressemble à une image d'Épinal, à une enluminure médiévale, mais qui ne parvient pas à masquer la réalité du corps souffrant : « Projeter du sang grenat sur les guirlandes de roses / Disposer à souffrir la peau douloureuse si près du regard / Atteindre un point mort quand la main blesse en silence ». Cet endroit dérisoire renvoie au titre même du livre : un paradis gigogne, c'est-à-dire un paradis qui en contient d'autres, à l'infini, comme ces poupées russes qui s'emboîtent les unes dans les autres. Chaque paradis en cache un autre, plus petit, plus fragile, jusqu'à ce qu'on atteigne le noyau vide, le centre absent. Le texte suggère que le véritable paradis, s'il existe, ne peut être qu'intérieur, construit par la mémoire et l'imagination, fragile comme une cabane de branches dans la forêt.

Pour Gilles Laffon, le « paradis » ne représente ni un salut par la vertu, ni une promesse, mais bien le point le plus bas de la chute ; ce vide que l'on atteint en tombant encore. Il pourrait ainsi faire sienne cette formule de Chögyam Trungpa, qui comparaît l'éveil à un saut dans l'espace : « La mauvaise nouvelle, c'est que vous êtes en train de tomber dans le vide et qu'il n'y a rien à quoi vous raccrocher. La bonne nouvelle est qu'il n'y a pas de sol ».

Dès lors, le trajet n'est pas une ascension, mais une descente méthodique, une plongée dans le réel et dans la matière : une spirale inversée où la chute tient lieu de salut paradoxal : « Nommer paradis le gouffre qu'on atteint en tombant encore ». L'espace devient une hétérotopie où l'aliénation est consentie, parfaitement symbolisée par le motif récurrent de la vitre, cette frontière irréversible qui transforme le narrateur en pur spectateur de son propre bannissement. Le parcours et ses étapes forment une géométrie de l'âme : « Ajuster l'horizon parfaitement poli sans comparaison ». C'est une vision presque mathématique de l'existence. Laffon en fait une équation poétique, où l'ego, après s'être débattu dans les illusions, s'immobilise enfin. C'est là que commence le véritable paradis : non pas un lieu de délices, mais un lieu de cohérence totale, le « zéro absolu », — le point où tout mouvement cesse, où les histoires s'arrêtent, et où l'identité, libérée de ses recherches, se contente d'être. En physique, le zéro absolu est le point où les atomes cessent de s'agiter. C'est la fin de l'illusion et des brumes du sentimentalisme. Dans ce paradis-là, on ne se raconte plus d'histoires. L'ipséité n'est plus une quête, elle est une constatation.

La prouesse de *Paradis gigogne* réside dans sa capacité à faire de l'échec de la rédemption une victoire littéraire par la dissolution de l'identité dans « l'uniforme de l'infinitif ». Cette œuvre qui ne cherche pas à séduire - cela nous change des productions courantes - finit par toucher, sans promesse aucune, et laisse le lecteur transformé, hanté par ces infinitifs qui continuent de résonner longtemps après la lecture, comme autant de gestes inachevés, de possibles jamais réalisés, de chemins qu'on aurait pu prendre et qu'on n'a pas pris. Et peut-être est-ce cela, au fond, le véritable paradis :

celui qu'on découvre, un jour, au cœur même de la fatigue, quand les mots cessent de tricher et que le silence, enfin, a trouvé sa forme comme un souffle qui refuse de s'éteindre. Tenir ainsi le mot le plus ténu, le plus resserré possible, et sous l'apparente banalité, dans la blancheur d'une lumière mince, peut-être sauver avec éclat l'irréparable.

Comprendre un beau jour qu'il n'arrive rien de bien rien de mal
Admettre simplement ne pouvoir exister sans plus savoir comment rester de l'autre côté de la vitre
Bouder les regards au carreau ou mieux exercer l'œil aux brumes
Rafraîchir les idées à la pluie quand l'eau glisse sur les poils
Adapter les bruits les sentiments à la buée d'un doigt dressé
Se laisser dérouter par l'uniforme de l'infinitif

Se sentir pressé de ne plus rêver un temps pour rien
Taire un temps très long à l'envie où le souvenir côtoie les révélations
Se justifier d'une vie bien remplie et finalement en abréger la version vécue
Se faire dépasser par l'excédent de morceaux choisis mais concourir coûte que coûte
Prétendre se plier au joug de la litanie et choisir l'essoufflement
Se donner pour consigne d'envisager pour la

suite le remords comme exemple
Disposer à goûter la nuit amère des anciennes vies et le vin du repentir
Abandonner son existence ainsi sans avoir le sens de la décision
Se débattre aussi à l'infini contre de mauvaises intentions

Supposer que ce qu'on dit n'intéresse personne et s'en habituer au présent
Feindre même de penser que ce qu'on dit intéresse quelqu'un pour dans ce moment-là habiter cette pensée
Se demander comment arborer la résignation ou même le remords toujours plus étendu
Ne pas démériter pourtant des relations plus ou moins fiables auprès desquelles solliciter la bonne façon de faire
Avoir d'honnêtes raisons pour endosser le recours à l'aide
Ne pas continuer à l'avenant non sans être pour autant déçu et décevoir
Se dissimuler avec précaution et par mégarde autrement
Être faussement libre de taire une manière de dire non de penser dorénavant
Croire rejeter l'apparence du fameux *je* et se

figurer laisser place

Préférer battre la campagne quelque part aux confins ou se fondre

Donner à entendre ailleurs des mots de circonstances

Prendre un ton plus fin et avancer des sujets de conversation

Proposer un parallèle entre les rudimentaires outrances et le sacré trivial

Transformer un souvenir en charrue comme le pain façon torchis que la langue n'aime pas

Laver et lever cette hantise du témoignage ce qui peine à émerger comme l'instant immédiat de l'année en cours

Penser les choses tristes avec indifférence sans se savoir subordonné pourtant à l'ordre du monde

Attendre le moment propice pour arguer consciemment du verbe à l'infinitif quand le retour à soi ou au soi insiste

Ramener l'ordinaire ici sans vouloir être têtu et donc se désirer au mieux invisible

Se rendre docile et couvrir de son air l'acquiescement aux injonctions

Manifester concrètement l'imagination à modifier le fictif et la réalité de ce qui est imaginé

Evoquer le passé au présent pour rempailler le quotidien ressouvenu

Choisir ce mode uniforme pour se faire com-

prendre
Dissocier ce qu'un autre pourrait exprimer tout aussi bien et comparer la même chose

Pour un bon déroulement des journées ajuster au mieux la raison au manuel
Savoir en connaissance de cause que le temps conjugué à l'expérience attise les parfums les paroles et les attroupements
Convenir que l'idée du bonheur et du paradis n'est pas celle du quotidien appliqué
Arguer qu'avec l'âge les mots se perdent au risque de les redécouvrir ligoté derrière soi
Se parer aux surprises du dictionnaire pour apprendre à la faveur du mot conscience la valeur du mot folie
Chercher à la lueur les définitions les synonymes et antonymes systématiques à la légende des images
Combiner ainsi les livres à ce qu'il faut savoir sans cesse de la solitude et de ses échardes
Lire des dizaines de fois la manière de parler avant d'être devancé comme cela arrive
Maintenir à l'autre bout le souvenir le réveil ou l'éveil le présent d'un instant le ravissement du jour et l'inattendu
S'infliger des trous noirs et se résoudre à voir

dedans la damnation à rebours
Se débattre des choses définitives et cesser de prêter attention à tout
Laisser le soin de dire à d'autres le mal des crocs quand le murmure a forcément une voix
Maintenir le consensus entre chaque parole et la toute dernière parole
S'occuper à ça puis se poster à l'ordinaire des jours s'y frotter sans précision
S'avancer vers la fenêtre et s'approcher de l'encadrement ou s'appuyer sur le rebord
Se pencher vers le vide un pas dans le visible un autre dans l'invisible

Savoir où porter la main où poser les yeux quand l'émotion fait défaut
Choisir un point de l'horizon se sentir en paix et paraître tout autre
Être heureux il y a deux jours encore quand la mémoire continue toute seule
Du nord frémir au vent hors d'ici piétiner en rond la main sur le front pour mieux distinguer
Alterner les arbres les clôtures ne pas tout voir et ne pouvoir tout regarder
Choisir le geste soumis et s'engager dans un chemin déjà parcouru marqué du pas
Ralentir le débit de la petite idée recouverte de

bruine et de feuilles mortes
Travailler aussi longtemps qu'il fait jour et s'arrêter net sans motif
Laisser l'intervalle des saisons s'occuper des humeurs à n'importe quel moment
Choisir l'emplacement contre la porte de la cuisine à la première lueur
Respirer sans relâche les odeurs du fourneau au ras du nez jamais au repos
Essayer de retenir l'air et sans fin humer le vent un tant soit peu nouveau plein de maintenant et d'immédiat

Être tenté de se retenir soudain comme tout ce qui arrive
Ne plus cesser de s'étouffer mais se dégrader quelconque
Traîner la jambe de guingois alors se câliner ou se caresser terne
Eclaircir sa barbe toutes les trois semaines ainsi tendre son cou au rasoir
Se poster à l'ordinaire des jours mains dans les poches et devenir perméable au sang
Coller la chaire à la mort et emboîter la mémoire au sordide
Peser le ciel et le sens des réalités au commencement d'une pensée pas aussi propre que l'infini

Prendre au sérieux les animaux quant à se disputer les entrailles
Utiliser l'enquête intérieure pour ne pas se perdre et retrousser ses manches
Arrondir tout adoucir l'étendue et humidifier le sol attendri
Posséder mieux la réalité doucement la tête ouverte au ciel et reconnaître les sorciers
Préciser en silence sans tambour ni trompette le départ dorénavant le choix d'un chemin
S'exposer chaque jour un peu plus à un projet dévoyé une crainte du lendemain retenue
Comprendre en tout état de cause un passé décortiqué et une inconnue immense
Assoupir les paroles et les temps forts un regard par-dessus l'épaule par-dessous le ciel
Accepter une légère poussée dans le dos une interprétation possible de l'avenir
Chercher au départ l'excès de matière dans la pénombre du soleil ou simplement relever un caillou dans une chaussure

Ne plus être jeune montrer les dents jusqu'à se tenir tranquille
Ne parler à personne ne pas se compliquer et ne pas se tromper dans l'intérêt d'un autre
Jouer au plus fin sans se mêler de tout et ne pas

conclure sur tout par exemple
Courber la tête et voir des bouts de ciel éloignés une bonne fois pour toutes
Remettre en question une pénombre dans le soleil un courant d'air entre les pierres un trou d'air entre deux mots
Choisir un habit ni chaud ni froid et des godillots dressés à la pluie
Sillonner le pays des sentiers abrupts des cols élevés des montagnes lisses et noires
Se ranger aux murs et s'arracher de porte en porte pour des vécus possibles à ne pas négliger
Voir rouge le châtiment et les voix rudes nourries d'indulgence sans borne
Se jouer du soleil dès le seuil improviser le silence trompeur
Guider et non forcer les paroles pénétrantes même dans la colère
Déranger délicatement les mémoires au remords timorés
Se démunir de ses péchés au fil des ans saigner les rougeurs sur la peau
Se décharger d'inédits et donner le change sans relâche mi-irrité mi-satisfait

Se trouver assez malin pour faire les choses à un moment donné

Chercher le pont entre ces choses et ce qui grince aux oreilles
Soupçonner une relation entre les histoires et le pain dur à la bouche
Être sûr de soi sans même le vouloir et cesser l'ouïe universelle
Choisir d'activer les soupçons à la moindre rumeur
Eviter les calomnies et dilapider les gestes d'humeur
Assis au fond de la pièce juger et toiser l'idiot à sa cavale
Prendre en compte les paroles rapportées et ne pas se contenter
Ignorer le sens des propos d'un précédent discours à craindre
Evaluer la teneur des rumeurs et n'éprouver aucune crainte quand certaines frôlent la vérité
Vérifier la solidité des arguments avant toute chose et ajouter de nouvelles paroles si nécessaire
Maîtriser la bonne circulation des ragots mal cousus
Chercher ailleurs la progression habituelle des histoires
Echanger à bon escient et se détacher de la poignée de main
Amplifier la dissuasion des premiers reproches et rester en deçà du brouhaha

Avoir besoin de susciter une attention tout de même gratifiée d'une parole
Déclencher un réflexe au milieu de soi par moment sans penser à mal
Murmurer au mieux une solitude à qui veut entendre une réalité faussement empruntée
Ne pas se sentir concerné personnellement par l'une ou l'autre des remarques
Converser avec d'autres des actes sombres en toute impunité
Fabriquer et partager les détails fidèles à soi longtemps après
Être habitué à s'entendre quand les pensées se mettent à jour
Faire siens les besoins de l'existence qui aident la bascule des émotions quand il faut
Engendrer le présent d'éboulements épisodiques et respirer les courants d'air chaud chargés de parfums familiaux
Abandonner le sujet en cours de route et œuvrer comme un âne
Régler la vie sur ce qui éclaire la mémoire et s'accommoder de l'ignorance pour l'obscurcir encore
Rire ouvertement sous cape sans aucune conséquence macabre et ranger ses affaires dans

l'unique pièce
Se plaquer les cheveux sur le front et avoir bon aspect
Se réfugier dans les gravures amoureuses et être plein de bonnes intentions un peu plus tard
Se pousser pour les autres à la moindre occasion et mendier malgré l'insistance des refus

Croire qu'il n'existe qu'une seule vierge noire puis entrevoir ailleurs l'image
Ne pas faire du bonheur une préoccupation et ne pas le confondre avec le fait de survivre
Regarder mieux vivre ceux qui vont mourir comme point de départ de divagations
Vivre lâchement la maladie de proches ainsi contracter les lèvres et s'entêter au remords
Reconnaître les photos d'une femme sur une filanzane à Diégo Suarez
Regarder le vieil homme maniant la cisaille à haie au cordeau
Accepter ce surgissement les deux pieds dans la mémoire opiniâtre
Epargner les souvenirs de parents sur leur propre jeunesse au fur et à mesure
Sortir le fauteuil roulant poussé au milieu des herbes sur le sable
Sentir du bout du pied les caveaux avec les noms

dessus à détourner
Se souvenir de la vie des gens avec l'imagination à la traîne
Dialoguer avec la filiation de sa propre voix et faire des concessions
Regretter certains mots si présent dans l'environnement ancien
Douter de l'expression faire table rase avant de se reprendre
Comprendre l'effet de la succession des générations et combien la jeunesse est une erreur

Refaire les choses en sachant déjà faire
Clarifier sous hypnose les strates de la chronologie contenant l'autre
Se souvenir se ressouvenir refaire le voyage au clair de lune
S'aventurer au-delà des caprices connus à la faveur de la nuit
Goûter l'obscène élévation des flammes déclarées aux balcons
Imaginer des passions vécues les rêves bon gré mal gré
Alterner les taches à la recherche de l'idéal à ce moment-là
Maintenir le corps en état pour évacuer la mauvaise bile et amoindrir les humeurs

Faire reculer l'ennui les jours d'hiver au profit d'un amour
Ne pas rompre avec le train-train nécessairement
Ne pas chercher jusqu'à la moelle le nerf de la réalité
Devenir suspicieux avec le temps quant à la bonne évolution
Adopter une apparence qui n'est pas celle des muscles inutiles
Ne pas convenir à l'absence malgré les efforts de l'attente

Être sensible à la voix qui appelle dès lors tête basse
Afficher son sobriquet comme miette de reconnaissance
Accompagner des élévations de ton à quelques cris près
Faire valoir de mauvaises humeurs ordinaires et continues
Surveiller les mouches piquées à l'orage jusqu'au silence
Inciter tout autour à rester petit aux confins de l'œil
Être sensible également à la parole muette apprivoisée de dos
Mesurer les observations comme noyaux durs sur

la nuque
Employer les mots à minima comme prévention des bavardages
Elaguer les effets des débordements sous le coup des hurlements
Ajouter tout de même à son quotidien des fruits imbibés de sirop
Nouer fatalement des habitudes à colporter des manies des ordres et des messages dociles
Tendre la main dans une tentative d'affranchissement pour rompre l'horizon et trouver l'écart
Naviguer à vue donner de grands coups de barres et faire entendre la voix des faux pas
Tendre le bras dénudé et serrer le poing sans gémir
Affleurer les veines ou les pensées quelque chose de souterrain certainement
Consolider le bien commun en faisant provision de considération
Détourner l'attention à l'usage et s'attirer des faveurs
Guetter chaque jour un peu plus le pire des pas
Resserrer encore davantage le regard sur des bouts de route des morceaux de jardins des lumières affectant les apparences et l'ivresse de la déception
Souffrir de mouvements contrecarrés et être ramené à un exercice de pénitence

Adopter une posture mortifiante d'apprentissage et de macération
Accroître l'inquiétude à désorienter son ombre infidèle sous les souliers

Avoir le souci de prévenir comme à chaque fois et inspirer le sérieux
Intégrer une excuse et une amertume au comportement vieillissant
Avoir conscience de ce qui est fait et de ce qui est dit
Être jugé sur ses seuls faits ou ses seuls gestes à la rigueur
Employer l'adverbe malheureusement quant à ne pas être écouté ni regardé
Ne pas être plus supporté qu'un courant d'air empêché
Mesurer l'écart de ce qu'on croit être aux yeux des autres
Se laisser dépasser par l'excédent de confiance sans en connaître la valeur

Inspirer la sympathie à force d'habitude ou juste ce qu'il faut sans à-coups
Alterner entre nonchalance affectée et surcroît d'attention

Agir à propos selon les dangers et innover selon les circonstances
Avoir de l'intuition pour ne pas avoir à parler deviner aussi les questions
Tourner le dos au moment opportun puis bavarder les réponses sous le sens
Feindre l'indifférence laisser l'étonnement vider les paroles
Escompter convaincre d'emblée sous un ciel lourd bas et noir
Négocier d'avance les batailles au-dedans des broussailles
Régnier en valet sur les réparties du savoir et sa suite
Sonder le creux des troncs la peau des roseaux les torchons les plus usés
Ne pas faire alliance avec les idées contradictoires avant les transitions supportées
Laisser pousser seules les graines plutôt rêvées sur les genoux
Choisir de s'enfuir pour ne pas préférer la couleur à la chaîne ou la fleur au fer ou la chaleur la perte et le miel à la joie
Exprimer la vigueur du banal de manière simple quant au labeur
Poser les armes pour les jeux à l'avenant
Crier des leurres bon enfant comme les faits divers

A prendre parti garder dans les mains un bâton
A s'engager aimer mieux un couteau dans la poche

Se juger moyennement bon ou mauvais certes d'un scénario assez commun
Posséder le goût de cette idée et s'apprêter à regretter les calculs
Apprendre à porter les espérances comme fautes persistantes
Se demander si les effets des manquements peuvent être atténués par l'imagination
Entrevoir le récit de vastes conquêtes ou échantillonner la réalité sans succès
Être tenu responsable d'envies au-dedans de soi sans savoir ce qu'on a en tête
Admettre l'objet de controverse intérieur et s'empoisonner à trop ruminer
Ne pas démériter des vaines tentatives mais à la fin rendre l'imagination molle
Détacher les verbes de l'expression et des yeux mieux contenir ainsi les mots dans l'indifférence
Ne rien vouloir faire de la joie lui préférer la mélancolie d'autrefois
Dire l'exactitude de cette ivresse puis prescrire la recette avec un naturel qui va de soi
Aborder les choses par les coins du cœur sinon en

cacher la noirceur
Rouler d’un bout à l’autre du lit à partir de là et demander un avis
Acquérir l’élan suffisant pour se dégager du bourbier permanent comme acquis de la stabilité
Franchir une série de barrières un choix d'agréments contenus entre les murs
Sortir étourdi presque tout entier de la maison

Passer d'une chose à l'autre

Passer d'une chose à l'autre au moins jusqu'au soir
Faire naître des images vites éteintes et ne pas attendre une vie infinie
Eclairer la journée et montrer ce qui est caché ailleurs
Dissuader l'amplification du réel le temps de changer de visage
Evaluer de la maison les pièces connues les pierres assemblées les trous comblés de maçonnerie médiocre les murs fissurés les volets peints puis le verger la clôture et l'allée
Courir les couloirs à l'intérieur le dedans sombre les murs tapissés des mélanges de fumée
Cracher l'odeur familière la chambre jamais aérée
Tousser sous l'ombrage des arbres où sous les battants clos de la fenêtre
S'étendre sur un coude avec les mouches posées sur la table sous l'éclairage faible la lumière pauvre
S'éloigner de la porte quand rien n'est propre que rien ne brille et embrasser de l'œil le sale
Se confier à l'intérieur à l'éternité intérieure que contient la maison habitée par la terre
Aller et venir aux saisons ainsi compter les pas de

la cour aux chambres et combles
Apprendre le présent par cœur et se souvenir avec les mains
Mettre des rideaux aux fenêtres devant le voisinage du bout des doigts
S'accouder à l'air et sentir glycine
S'adosser au mur à l'étendue dure
Se positionner dans le renfoncement de la fenêtre
Regarder les fantômes dans la cour entre les murs à l'abri des pierres couverts de toiles comme les tôles gondolées
Surprendre quelques chose qui ne sait se dire pour devenir souvenir
Entretenir le consentement tacite entre le souvenir la mémoire l'écart et le recul
Endurer les décisions hâtives les raisonnements les recommandations les prescriptions et la menace de la pluie
S'écarter ce qui du seau éclabousse aux pieds
Emprisonner l'eau écarter les flaques amassées aux angles noircis des murs
Pointer le bazar méthodique de la mémoire et verdir l'accumulation désordonnée des souvenirs
Souffrir ainsi friche et fatras roues et pneus bidons plastiques
Ramasser la vieille casserole pour le chien à peine éclairée

Tendre l'oreille endurer la salive salée des choses
nommées avec peu de mots
Traîner derrière soi le raclement de la pelle sur le
sol

Disposer du présent la poussière à son aise sur les
solives sablées
Argumenter le fumier déposé sur les trous les
flaques comblées les cailloux enclavés dans le sol
Blâmer les ronciers jusqu'aux murs à leur guise
les mauvais chemin de boue molle l'enfoncement
du regard les ornières livrées aux feuilles mortes
Rappeler les mêmes choses le destin formé par la
répétition la mécanique journalière inscrite à
l'oreille
S'ingénier à expliquer les terres non cadastrées
les servitudes orales les chemins qui ne
desservent rien ou les granges cachées
Jauger cette manie de critiquer son habitat plutôt
que de le magnifier
Remettre tout en ordre pour un temps donné
Sauver des instants pour convenir de la bonne
l'existence

Croire les choses définitives et mastiquer le soleil
dans son ombre le feuillage de poussière

Raconter un jour le feuillage touffu feuillage des petits arbres feuillage aux petits fruits
Coller l'œil au tronc le glisser jusqu'à la dernière feuille du plus haut rameau
Rester sourd aux cris familiers de la maison les fantômes et leurs chiens les hurlements à travers champs les aboiements le sifflement du vent les frottements de la langue la mauvaise langue
Se souvenir de choses auxquelles on ne devrait pas penser des accidents qui ne méritent pas le moindre petit souvenir

Chercher une campagne romantique pour y cultiver la nostalgie et ne pas savoir où paissent les bestiaux
Croire comprendre que les éleveurs n'élèvent plus rien et laisser derrière soi la terre hérissée de cyprès sombres
Craindre l'atmosphère décrite et l'eau verdâtre au pied des fruitiers
S'essuyer le front et apprendre à poser des questions aux paysans

Se contenter de l'état de la maison terrain d'herbes dures troncs crevassés et fruits laissés
Détériorer le tout et jeter volontairement au sol

ce qui moisit et pourri
Se souvenir du froid jusque dans l'été à la moindre défaillance
Lire à la lampe chargée et l'épuiser entre la cuisine et la chambre
Etonner l'œil de vivre sans électricité à l'ombre réelle et fraîche des batteries à charger
Ajuster les rallonges sous la pluie le long des murs jusqu'à la première fenêtre
Se rappeler la douche chaude le savon l'écoulement bouché par la crasse les fuites les poutres pourries les sols gâtés les traces humides sur les murs le pain mou le miel mélangé au thé jour après jour matin midi et soir
Rester dans la cuisine constamment et la nuit dans la chambre les rideaux tirés les volets restés fermés sur les branches
Percevoir un frottis léger sur l'ardoise du toit feuilles sur feuilles le vent jusque sur le lit
Tout l'hiver ainsi l'été aussi l'été récupérer le bois coupé des jardins faire fumer l'odeur des forêts l'hiver
Rester vigilant aux rêves flamber les projets trop jeunes échanger d'idées ranger les rengaines en semaines râler le week-end
Retrouver les doigts pour boucher le nez à l'odeur des placards et des moisissures

Avancer vers ce qui se referme et les recoins qui encerclent l’ampoule
Se croire loin ailleurs se conduire autrement et vivre cela maintenant
Regarder le chemin de temps à autre les poules curieuses le chien écarté
Parler fort d’un sujet ou d’un autre puis métamorphoser les lieux le champ de vision
Ecarter les rideaux et le feuillage pour voir derrière le jour
Vider l’endroit rassembler ses affaires et rapporter ce qui est dit pour fuir
Se dégager des envoûtements et emporter avec soi un point de vue
Voir où poser le pied se détacher avec effort et enjamber le seuil

Travailler sa crainte et ralentir le vieillissement
Assombrir le repas malgré l'huile sur le feu sous l'obscurité
Ne pas se plaindre tenir les yeux fermés y prendre garde
Obtenir un répit un sursis pour justifier le bonheur
Posséder une vie pour cadeau à cause des larmes tantôt la fleur tantôt la fuite
Placez bien au chaud les affaires à la faveur de la flamme
Se féliciter de ne pas trouver de sensations inédites
Reprendre la chanson comprendre la musique et fredonner les paroles
Citer les expressions simples et chaque fois les mélanger jusqu'à ne faire qu'une nouvelle et seule rengaine
Se dire qu'on aurait pu convenir aussi mais rêver de suite une carrière aux inconvénients modélisés
Refuser plus avant les sollicitations chiffrées elles-mêmes
Se protéger d'un monde en marge et ignorer tout ce même monde

Quittez la table seul et garder soigneusement les miettes les mains libres

Se laisser inspirer et réconforter par la confiance de l'appel
Admettre qu'une complète indifférence peut l'engloutir
Se voir se retourner sur le seuil et d'un geste de la main inviter à entrer
Inventer un incident et oublier une réparation pour fuir
Se faire honte et consumer ses peurs de l'intérieur d'une volonté
Se taire sur ce point plutôt que d'en venir à bout

Travailler sa crainte la timidité éveillée
Pointer la présence continuelle des insectes les yeux assurés de la certitude d'une cage
Appeler la lune d'ici jusqu'au bout comme inaccessible aux conseils même aux soins
Être soulagé de toujours passer par là et choisir une piste ininterrompue
Pratiquer la pêche aux fragments comme règle contre l'étourderie
Battre des paupières assidues et choisir la lumière le morcelé de mise

Passer la porte au moment de séparer l'oubli sur ses deux jambes
Être récompensé des suites pensées déjà trop tard
Frapper des pieds le sol espérer l'apparition du premier soleil de printemps
Se rendre plus loin à ce point-là où le brouillard comme le souvenir ne valent pas mieux que les symptômes d'automne présents
Passer la journée à marcher dehors puis rentrer à la fraîcheur
Habituer les oiseaux les oiseaux que le vent secoue
Créer le rouge-gorge à l'estime et les frelons cruels
Ne pas déranger ne pas bouger puis se lasser de soi la boue entre les doigts
Se délivrer du gel et se déclarer saisonnier de soi-même pour prendre son temps

Chercher le moment qui se cache en une trace de vent dans le cou le temps de planter des fruitiers et de récolter des querelles de pies pressées
Ramasser les chants et noter les cris vacarmes et tapages tous les mots qui chantent juste
Dresser le geste à la parole et si le discours repousse montrer le bras tendu le corps perdu
Ne pas savoir à qui sont les doigts ni chercher ce

qu'ils indiquent

Amonceler le linge sans savoir d'où viennent pareilles idées
Avoir rendez-vous avec le froid la faim le désir et attendre
Toucher de l'œil ce genre de ténèbres et le tas de vêture
A la moindre occasion ne pouvoir se refaire
Transformer le monde en peau sans rien d'épique
S'habiller beau lavé et se vêtir neuf pour aller voir l'amour au sourire
Se dispenser de bain et de ruses sournoises
Hésitez à plaire un bref moment mutique
Balbutier une parodie et sourire aussi comme un bouton d'or
Imaginez l'impensable suite à décrire les mains mouillées et sales sur le stylo
Préférer dresser plutôt que raconter à la hâte
Ne pas savoir à quoi il peut tenir à être choisi
Epouser en retour et plonger dans le présent et encore vieillir à l'avenir
Sortir de la facilité des historiettes des racontars et potins en une bouchée
Laisser la joie dépérir le silence autour de soi
Se refaire un souvenir la gorge brumeuse plus amère que la veille

Entrevoir la simplicité au fond des déguisements et percevoir des sentiments au fond des yeux

Réfléchir un aveu comme inondation
Ralentir l'écoulement des litres oubliés comme son temps
Perdre de vue les pleurs inutiles devant être porté à la promesse
Mal mêler les déserts mouillés sans heurts réels
Refermer la porte au mieux le portillon et ramasser une branche tombée sèche
Sortir la voiture faire monter le chien et regarder la boîte aux lettres un voisin derrière la haie
S'arrêter en bordure de forêt allonger le siège et rabattre le dossier
Rentrer et ramener la boue sous les pieds ne pas préciser sous les pieds mais détacher la poussière de dessus les chaussures
Le corps rentré faire la soupe et nourrir le chien étourdi de vert
Enchaîner les écrans et égrener les lieux communs accolés à la pensée
Regardez les quatre coins de la cuisine aux aguets des griefs
Humer l'odeur de chaque pièce ouverte aux surprises de champignons parfumés
Simplifier les journées au maximum et ainsi le

sentiment d'existter

Jouer avec la solitude et courir après l'ennui au style inutile

Ne pas gaspiller ce qui arrive à point et gardez le mouvement lent

Occuper le désert de l'instant et le début de l'instant suivant

Ne pas imposer quoi que ce soit et jouer la lumière à ne rien exprimer

Voir de loin ce que la mémoire veut effacer des boutons éclos

Chasser des yeux l'idée poreuse du ciel et la clôture des nuages qui n'inquiète plus

Supporter et déplacer un peu plus sève et sang comme souvent

Perdre son temps mais gagner de longues heures de sommeil

Faire ainsi la journée et la journée suivante suivre son cours de cette façon

Un soir dire un souvenir reprendre le mot sur le papier et rendre intéressant ce qui est partageable

Rester serein assis dans la pénombre envisager le mobilier à portée

Figer l'instant et fixer les choses à l'unisson des mouches ou regarder par terre à peine

Tuer les choses dans la tête tant de choses

entêtées
Mener à son terme le sort toujours le même effort par-delà l'illusion
S'accommoder comme il convient depuis toujours
S'oublier à la vie une nuit sans durée précise et dans le matin se mettre à sourire se sentir bien et démarrer
Ne dire mot des questions des réponses des chamailleries des intentions assumées de l'indifférence de la surprise
Goûter le souffle innocent du bien commun tout et rien tout un chacun
Être dupe tôt ou tard et ne rien trouver à dire de mieux
Se rattraper au paradis et se survivre ailleurs une caisse renversée pour siège

Considérer la vie et le frémissement de la lumière comme poussière levée et reconnaissable à l'œil nu dans ce cas
Ne jamais remarquer à tout autre moment la matière subtile
Ne jamais inventer ce qui existe déjà sous les yeux
Respirer le froid à la fois le soleil dans le nez et les fines particules soulevées

Bouger au milieu des corps transparents et s'envelopper de ce qui glisse aux yeux
Dissimuler l'invisible étouffement habituel et les traces qui font tousser
A quoi bon contrarier ce qui vole et secouer parasites et mites
Faire des gestes d'une précision vague et agiter les bras en balayant l'air les doigts écartés
Risquer de provoquer un trou d'air et s'engouffrer en son centre
Titiller son nez pour des branches mortes ou les ténébreuses pensées à retirer d'un ongle
Se moucher renifler encore et respirer la vie qui impressionne forcément

Douter de la bonne poursuite et ce qui fait tourner
Epuiser les cheminements en créer de nouveaux sans demander quoi que ce soit à qui que ce soit
Hésiter sur les manifestations des uns et des autres les cajoleries aux trousses
S'obstiner à faire d'être hors de contrôle une tendance
Rester tranquille avec ou sans réserve de l'après
S'enterrer dans le ciel dans l'air et l'eau prestement à chaque fois
Ne plus se laver économiser l'eau chaude manier

des lingettes n'utiliser qu'une lingette par jour et la retourner le lendemain le geste net
Maintenir les draps pliés la couette aux pieds l'oreiller à l'odeur de crâne et les coussins au sol
Se convaincre du besoin en même temps se détacher des nécessités
Entrevoir le lendemain et les nouveaux choix connaître tant de fois les nouveaux choix
Se cramponner d'un doigt à l'inconnue de la prochaine minute

Manger quelques friandises chapardées sucer ses doigts près de la porte restée ouverte
S'emparer du pain la nuit à la dérobée et le soir boire le vin
Trimbaler sa part simuler l'incurable et se tenir compagnie
Caresser les mains écosser des petit-pois peler les peaux et chauffer le bouillon
Se tremper d'instants tout entiers
User de recul sur les choses importantes et sourire sérieusement
Porter une attention aux odeurs à la fumée mielleuse du tabac à la bougie allumée du bout des doigts brûlés au fourrage à l'humus au salpêtre à l'aubépine et au lilas
Retirer les petites pierres des lentilles sans

rechigner et équeuter les haricots verts sans regimber
Apprécier la soupe au lait chaud sucré et le pain immergé

Exister et perdurer aujourd'hui sans retrouver les arbrisseaux plantés des années auparavant
Juger les mûres d'une banalité consternante sous le terre-plein de chardons
Voir les feuilles de certains arbres garder leurs couleurs le plus tard possible
S'étonner de l'automne et vivre les flaques d'eau
Constater que le jour se lève chaque matin sur les grands cyprès sans avoir à faire quoi que ce soit sans avoir à casser les vitres
Eprouver également la dégradation visuelle et auditive de la campagne

Manger à la commissure des lèvres ainsi recourir à se survivre rassasié
Aligner les mets à la rosée sur la table jamais aussi propre que l'infini
Eplucher à l'air libre sur la table de tout repos
Se souvenir de la vie longtemps et compter ce qui reste des provisions
Jeter épluchures aux morceaux de terre et

nourrir le sol de copeaux
Montrer la nourriture la langue au milieu l'humidité et la pourriture des fruits les parfums de glace et l'odeur du purin brun au soleil
Enumérer le peu et les pâtes à toute eau
Balayer au sol les restes pour le chien et essuyer de la langue les scènes peintes des assiettes aux médaillons d'envol d'oiseaux
Manger la viande une bête une chair cuite grillée
Être carnassier près du feu dans la cuisinière le bois enfourné
Respecter les principes de cuisson puis l'inertie l'appétit l'entrain démesuré
Déjà saliver la langue chauffée prête à tout presque rien et faire l'écœuré
Se laisser absorber par la rumination et cheminer avec obstination

Vouloir se décrire désabusé pour reposer mémoire et volonté
S'assimiler à des futilités le pantalon trop large trop serrée la ceinture en manque de trous
Serrer un bracelet pour guider le poignet précisément
Chercher par grand froid sur les rebords de table les manteaux et autres gilets empilés sortis pour être aérés de la fumée de tabac

Se voir en noir et blanc sans y prêter attention se revoir plus tard avec des souvenirs en couleur
Eviter que les yeux repoussent le sujet ou les paroles les instants quand le neutre couvre de son air une faille
Dire le quotidien aujourd'hui sans mot trop haut
Annoncer l'avenir d'hier se rappeler la vache morte le dernier lait à jeter les mouches le trou l'œil encore ouvert le temps mort absorbé par le veau
Découvrir que la vie éternelle est d'abord naissance d'une identité à sauver
Rester vague sur les maux et faire hurler les loups
Choisir les torchons les plus usés et poser la main sur la toile
Avancer le pouce dans le pli dépasser la couture et passer l'éponge
Maintenir ce vieux plaisir le pain le miel le vent au soleil la chaleur autant lumière que ténèbres le feu et la chair complice un poison qui gagne le corps
Grisonner les jours sans remords avoir fort à faire en été
Se limiter à l'audible les bêtes entrées dans l'enclos et se libérer des restes de la fatigue de la boue
Ramener au monde les feuilles sèches l'infime qui sauve échardes écorces et épines qui blessent

Accélérer le noircissement du feu agité aux débris plastiques bâches et ferrailles fossilisables
Envisager une fin tapageuse comme l'incendie une fin légère ou les paroles dans la braise ou le silence dans la cendre ou les pieds sur le mâchefer
S'enfoncer dans l'eau pour une fin brutale et le coup de fusil dans la remise ou la pendaison
Chercher la bonne poutre la corde autour du cou et le canon de fusil au fond de la bouche

Entendre la maison silencieuse sens dessus dessous
Bouleverser ce qui encombre et trouver le revolver
Diriger le canon face à la fenêtre et froncer un sourcil
Régler l'œil sur la mire et faire la moue
Se convaincre de contourner les obstacles en l'air et croire qu'il est plus prudent de faire machine arrière
S'effrayer à mi-chemin et certifier son présent
Retenir le souffle du paysage et surprendre sa propre voix
Augmenter le débit qui n'a pas de fin authentique
Ressentir le sang au bon endroit et crier de

douleur sur les toits

Considérer les présences humaines comme vétilles même de petits riens
Avoir des portraits dans les yeux et redevenir celui-là
Ramasser le fumier donc tôt le matin le volume entassé
Voir l'alignement des bêtes aux anneaux frottés machinalement
Laisser nues les auges et remplir une eau froide le geste jamais engourdi
Observer les jeunes pousses plantées comme une idée fixe à faire émerger comme prémonition de l'accalmie prochaine
Ramasser les framboises et sortir le foin bien vite
Avoir aux yeux l'essaim d'abeilles le moral et le froid fendu
Courir à grandes enjambées rattraper le chien inutilement
Piétiner les rangs les pieds dans les ornières la terre née de ces pieds
Lier les mains au tracteur et marquer le sillon derrière la terre gravée la terre surmontée
S'atteler à ça pour revenir plusieurs fois et retourner la dentelle de manière habituelle
Plier l'habitacle brûler les étapes et remodeler la

mémoire
Ranger soigneusement la vaisselle et dans le bon sens les bons moments
Ne plus jouer aux cartes ne plus entendre les vibrations des murmures ni la fugue désordonnée des lapins
Se faufiler sans précipitation et franchir le seuil à bout de bras le sol
Arracher les ombres empêtrées de craintes et gagner le bois
Savoir où commence la forêt où les branches s'arrêtent et où conduisent les chemins
S'éloigner toujours davantage et ne pas tout voir côté jour

S'éclipser une fois épuisées les excuses en une série de formules obsédantes
Parvenir à la désorientation une fois la parole recherchée atteinte
Aborder le problème suivant qui ne vaut pas plus d'une heure de peine
Contenir ainsi son propre couteau dans le cœur de l'autre
Cracher le sang et nettoyer d'un chiffon imbibé
Se défaire de ses poches au plein du noir et ne pas répondre au pourquoi par un récit écrit
S'en prendre à qui se défend et faire le vide avec

n'importe quoi
Poser la main sur l'épaule du premier venu et le rabaisser
Pacifier les relations par la lâcheté d'un songe
Lâcher prise mollir et l'admettre au premier vent venu
Exposer au soleil les idées sèches de sa tête à exaucer
Nettoyer les violences et les dégraisser sur tous les tons
Être concerné par les efforts de l'air ambiant à être absorbé
Toucher les pollens du bout du nez et rester interdit
Ranger les sentiments par ordre chronologique ou par importance ou utilité
Dégeler les émotions et se préparer aux épreuves

Concevoir le travail comme une possible chance
Attendre la bonne surprise du résultat plus qu'imaginé
Barrer les rais de lumière de l'excitation de l'appréhension de bons présages
Cacher l'abondance des champignons dans l'ombre d'une terre promise
Apprivoiser le chèvrefeuille sur la tonnelle ou le jasmin odorant ailleurs

Sentir les rideaux frais aux fenêtres les bouquets
égayant les pièces et les bestiaux propres
Se suffire du mouton le matin de l'âne au lieu-dit
et du veau l'après-midi
Goûter la cueillette des fruits mûrs et le paradis
d'avant la fontaine d'Adam
Replacer devant les yeux les bonnes choses tel le
labyrinthe de buis et les herbes bénéfiques
Imaginer le dernier carré planté de tomates et le
tour du potager
Entendre les petits gloussements et s'engager
entre les balles au fond du hangar éclairé
Savoir que les ombres couchent le sol que le vent
bouge la lumière que les fantômes roulent
l'étendue et que la lune surveille

Comprendre le vide entre-soi et soi entre la lune
bornée et le soleil de besogne entre le besoin et
le désir dans l'intervalle les journées
Exhumer dans cet intervalle la respiration entre
deux souffles et le rêve proposé toujours
silencieux
Ouvrir les mains serrer les doigts sur la pelle à
fumier la fourche à foin et tirer battre ou tordre
User le sol par frottage et rognage dans les mains
les manches encouragés du même coup
Tourmenter la terre dans son ensemble et de la

terre cultivée en choisir les morceaux sans os
Préférer aux écarts noirs le mérite engrangé le courage prévu aux yeux le feu glacé fidèle au bois les draps pliés la traîtrise ancienne la joie enviable l'espoir raisonnable le fond de vie la fleur sur la rouille l'herbe sur le fer et le rouge sang à l'intérieur des mains

Ne pas penser à l'érosion des sols mais simplifier les fatigues planter et semer à l'épuisement
Evacuer le fumier sortir les odeurs et sentir la terre sans parole de trop
Accumuler le passé dans le présent et l'avenir dans le présent tout autant
Concentrer pour l'avenir une vie de pierre de terre de poils de plumes d'eau de feu de vents de larmes de présences fugaces de souvenirs bruissant d'indifférence et de poussière
Epousseter le poli des mains quand la terre couche la pierre
Siffler le chien au son des colères et bannir le reste ressentiment ou inimitié
S'occuper des animaux les deux mains dans les poches quand le rêve offre des traites faciles
Courber la tête et ne rien voir devant soi passer à côté de la bonne salive sans rien remarquer
Avoir honte par instinct dès le départ et noyer la

noirceur des crimes à la fois
Vouloir cesser de travailler et refuser la faute à l'aide du sourire rusé
Découvrir enfin que l'utile oblige à manipuler la langue ainsi que les histoires racontées à la rosée quelques fois

Aller à la rencontre de quelques-uns néanmoins et s'examiner mutuellement
Ne plus avoir l'habitude et cligner de l'œil
Ajuster un regard empaillé pressé et novice
Examiner sa langue mordue d'un doigt et dire peu quant aux paroles superflues
Se frotter les mains de satisfaction et les plaquer sur les yeux
Dévisager les méfiants près des échappées possibles et jeter les restes à l'eau
Aborder les gardes-chasse des branches en bandoulière et vendre du gibier fait main

Vomir voilà le mot pour commencer
Eviter de s'étendre et s'essuyer au mieux
Agiter les molécules d'air entre plaies et cœur
Renvoyer dos à dos la pointe et la chair le chien à portée de pouce
Ne pas regarder mais plutôt ressentir les dents noires
Finir par être attentif et s'informer sur ce qui est su jusque là
Gâcher quelque chose de profond et briquer le ciel
Forcer le trait et laisser tomber les bras le long de ses hardes
Marcher à gauche le long de la rivière par les yeux
Trottiner à droite le long du chemin méconnaissable
Se dérouter distraitement avec un plaisir certain
Faire glisser des herbes sous le nez et bailler
Ecouler le caillot et déchirer ce qui s'arrache
Se sentir propice aux odeurs le bâton sur l'épaule noueuse
Laisser libre cours aux étonnements et distraire les gens simples
Rire aux éclats devants les enfants presque

agressifs
Changer de ton et jeter des pierres une tête de poisson séchée
Avaler des couleuvres longues et n'écoutez personne
Faciliter une altercation et boire un coup sans colère
Accorder le temps nécessaire à la pensée coupable
Deviner le corps maintenant devenu une ombre dans le fond

Chercher l'amour un jour est un grand mot un point de vue suspicieux de quelques minutes
Choisir la déclaration à voix basse le silence entre les mots et la parole sourde aux peurs
Se perdre pendant quelques temps avec précaution tard dans la nuit
Accéder à la langue perdue et abréger la coutume parfumée
Coller l'odeur de la peau à la pierre sans bavure
Alourdir ses pas la porte close avant la fin aux antipodes des rêves
Ne rien quitter des yeux ni le sommeil ni son argent
Soupirer les sommes dépensées sorties de la poche

Raccommoder ce qui précède d'un excès de silence
Se rhabiller donnant le change aux corps privé de parole
Ruminer une colère du jour au lendemain et encore ensuite
Faire des prédictions à l'usure de ses propres punitions

D'abord tenter une rencontre déjà inscrite sur les parois d'une caverne
Remplir la solitude de vide et sans doute avoir besoin d'hypothèse
Etablir le premier contact avec le regard à la lumière lointaine
Se méfier ou non de l'attrait qui s'ignore et présenter les mains en premier
Approcher l'épaule douloureuse renifler le parfum de la peau embrasser une patine sentimentale
Décider des événements qui se jettent au visage et pouvoir ne pas y renoncer
Avoir encore de belles années à priser une plus jeune avec sollicitude et patience
Se réserver ce droit si faiblement que ce soit et regarder les prévisibles moirures de l'eau
Toucher à l'usage l'élasticité de la peau et

compter les journées nues
Tâter à l'usure l'épaisseur des veines et compter les infections
Effriter les lèvres au contact de la peau quand la langue défaille
Epuiser les facteurs de doutes un à un soit interpréter le timbre de voix
Comprendre le ventre et distinguer les choses acquises à première vue
Choisir une morphologie et accepter les conditions naturelles comme défi
Penser l'erreur d'agir ainsi et savoir déjà que ça doit être

Se rencontrer tant pour parler que pour aimer et se parfaire accessoirement
Ne pas se contenter de simples rencontres souvent brèves mais craindre le retour de l'imagination inévitablement
Compter large parler en heures en jours en semaines prévoir des temps d'absence répétés sur plusieurs mois
Se vouloir anodin et le mentionner mal affublé
Suggérer même de disparaître allégé et trouver des exceptions à l'usure
Modifier son comportement de faux-semblant et varier sa personnalité d'accents forcés

Alterner sentiment et indifférence et se faire désirer dans les intervalles
Laisser pousser la curiosité et se retrouver au même endroit différent
Recueillir la sève échauffée sous le feu et les constellations à l'intérieur des yeux
Envisager de longues promenades sans écraser les fleurs dans ses doigts rouler dans le foin quand même
Prévoir des dépenses pour s'habiller au mieux et choisir les vêtements de saison encore disponibles
Être aperçu coquet et discret et se confondre à l'ombre spontanée
Epouser les paroles pesées murmurées à l'oreille et jouer de regards furtifs
S'épuiser au plaisir fugace et avancer que l'infinitif montre ce qui est
Se donner du mal afin de parvenir à des fins mesurables sans compter l'argent dépensé en confidences
Agréger des échantillons comme de petits cailloux les pierres au-dedans comme l'amour au dehors comme la solitude
Égrener voluptueuse lassitude et prémonitions mêlées
Se méfier des sentiments parcourus trop rapidement et embaumer prudemment l'idée d'or

Détailler les étapes ravitaillées dans le vis-à-vis de l'image du matin au soir
Guider son choix à la prestance la forme des seins l'équilibre des hanches l'état de la colonne la cambrure du pied l'étranglement du cou le timbre de voix l'aplomb du ventre et encore ongles et cils
Trouver l'odeur convenable et s'imprégner impunément des journées entières

Au fur et à mesure évacuer le sentiment devenu trop pressant pour un reste de jugement
Abandonner les silences retenus à la forêt sourde
S'accommoder longuement et chercher les définitions du frémissement
Amplifier les sujets de conversation à l'intérieur du murmure
Se plier de bonne grâce aux demandes mais se faire prier quand même
Evoquer les conversations cachées en détail et replier les paroles sur ce qui est à disposition
Choisir de devenir invisible à la fin pour se confondre au jeu d'ombre et de lumière
Faire avec son cœur de la figuration si le visage porte un masque

Aller de long en large enjoué ou laconique jusqu'à faire fuir le paysage
Face au miroir cesser maintenant de persuader le sentiment comme avant

Une fois le soir se rendre compte de l'oubli du manteau et avancer lentement dépenaillé
S'offrir encore une fois sous les sifflements mais de toute façon laisser dire
Trottiner vers l'amour ainsi les cheveux coupés et le dos fatigué
Formuler les espoirs serrer les dents crisper le corps et se conserver en l'état
Attendre ce qui doit être et hésiter l'avenir le sable entre les doigts
Faire fi des précautions et choisir l'accident comme entrée en matière
Intensifier le doute initiatique et la rudesse des jours
Porter attention à l'absence et accepter ce compromis
Eprouver la crainte innée dès que le ciel noircit comme à chaque fois
Être éduqué aux orages à la vieille pluie à l'eau sale
Maintenir néanmoins la relation comme point de départ à l'émerveillement

S'habituer à la gymnastique des illusions par enchantement
Avoir en tête la figure inquiète de la perte comme compagnie

Vouloir aimer donc et déborder d'amour par-delà un horizon
S'appliquer à aimer ce que le cœur découvre simplement
Dire bonjour échanger un sourire esquisser une moue et susciter le soupir peu descriptif
Déposer des fleurs devant la porte ou se cacher derrière l'alignement des pieds de tomates afin de susciter un étonnement
Remiser une part de soi la bouche ouverte sur le miroir impénétrable
Imaginer le consentement de réponses brèves pour se présenter
Arborer la franchise physique comme barrière au moment venu
Montrer à peine ce qu'on veut montrer et oublier l'essentiel au gré des gestes
Se concentrer sur les détails distrait par l'accessoire et le côté temporaire des choses
Tergiverser mais déjà jouir de la façon d'agir en fin de compte
Démonter ça le soir parfois dès le matin et

ranimer cela au grand jour
Utiliser des exemples et l'horreur en goutte-à-goutte depuis le lever
Compresser le cœur fidèlement et froisser le satin d'un sein
Préférer cacher dans les ronces les métaphores désignées ce qui brille un temps sous la douceur de la poussière
Avoir peur de façon classique des ramifications et des combinaisons forcées
Se préparer à se tortiller au présent sans savoir ou ramper et comment respirer encore

Reconnaître les êtres de plaisir comme fait-divers
Amuser la sensualité au moment des tenues affichées
Invoquer les esprits légers qui sombrent d'avance
Joindre la finesse de la peau au contour des lèvres
Confirmer l'attrait de la mise en avant possible
Attirer ce qui va être englouti et imaginer le tout
Suggérer alors de se taire et entrouvrir les lèvres
Découvrir un bout de langue râpeuse et humidifier le rose
Rester dans l'ombre et adopter une position de retrait
Promettre au contact un avenir ou non savoir sentir ou non

Embrasser l'air ambiant l'eau le feu la chaire chaude
Se retourner sur tout et s'attarder au moment pratique
Se contraindre aux mensonges à l'adresse des yeux
Consoler les peurs avec des phrases agitées aux oreilles
Hésiter le bonheur goûter la moue et être imprécis dans le plaisir
Chuchoter les secrets à la lune et placer des histoires à contre-cœur
Aller plus loin les jours suivants jusqu'au centre du cœur
Lancer des messages sans finalité plusieurs fois de suite

Parler d'amour la nuit le jour et ainsi faire venir la faveur méritée
Fondre cette idée au feu de l'imagination à nouveau
Se délaisser pour dormir et dépecer la sieste sans brusquer
Effilocher la mousse et compresser la bourre à matelas
Se méfier néanmoins de la peur qui dort au fond

des forêts au creux des taillis en touffes
Craindre l'inaptitude du hasard et deviner la suite pan par pan miette par miette
Rêver la nuit à l'infinitif et configurer la compagnie des bêtes
N'avoir peur de rien le cœur du corps non plus
L'épuiser quelque part entre forêt et champ peu loin
Miser sur l'animal un chat un chien nourrir un rat au moins des bestiaux
Fermer les yeux les paupières alourdies à l'instant d'une affection
Ne montrer que les dents la joue le sourire peu de chose
Remplir les yeux le regard assez comme ça pour parler et parler en blanc

Faire ça rapidement aux périodes chaudes aux périodes froides
Eviter le doute par la répétition et soulager les questions élégantes
Insister à diverses reprises mais hésiter ne pas chercher à analyser expliquer les choses
Rétracter la langue au baiser relativement doux du début puis de plus en plus dur
Lécher alors quelques gouttes de salive par litre d'eau

Glisser un doigt entre les lèvres et n'imposer qu'un supposé
A plusieurs reprises se gonfler d'excitation et se dégager des bras
Utiliser sa souplesse et jouer des mains les doigts repliés avec le temps de l'arthrose
Effacer les traces de passage et racler la peau jusqu'à la ligne rouge des muscles

Assimiler les futures rancœurs au moyen des premières émotions
Les mélanger aux ressentiments éviter néanmoins d'ajouter et de multiplier les panoplies
Débarrasser ces bouderies des impressions et de la qualité de la relation
Ne regretter ni les jours ni les nuits mais en changer l'usage
Deviner le cerveau mollasse en fin de relation avec raison
Filtrer rapidement l'humeur par la volonté poreuse
Faire disparaître l'unique fleur et se méfier des litanies renouvelables
Ne pas mélanger le sentiment à un autre avant de l'avoir dénoncé
Oublier le moindre bruit et essuyer des pleurs moindres

Pouvoir oublier ensemble plusieurs visages du début à la fin
Entrevoir à défaut un retour taciturne comme pire excès
Démasquer l'aimable au cœur et l'empêcher de recommencer
Laver l'humeur à l'eau froide et prendre une douche toutes les heures
Jeter un verre d'eau à chaque fois peut suffire
Eliminer sur la peau les lumières déposées et les odeurs qui coulent
Evincer les larmes aussi bien

Faire semblant de savoir ne pas savoir et d'avoir omis de reconnaître la passion
Oublier la tristesse au contour de son histoire et se tromper d'atmosphère et de vêtements
Chercher les fissures à l'intuition aiguisée et les vagues en soi salées
Remplir le vide reflété à tout dans tout et s'en consoler pour ne pas en rajouter
Céder alors aux chants des sirènes en cours de route et constituer ainsi les battements du cœur
Être frôlé par l'excitation un temps fort mis au point avec distinction
Orienter les pratiques et clarifier l'action le sentiment une chose ou une autre

Se sentir périssable à point pour goûter l'enchantement du monde
Être prêt à recevoir les sensations le ravissement l'ivresse et la plénitude
Se sentir bien à l'élévation et accepter la révélation
Ne jamais dire que cela n'existe pas et jouer du monologue à deux
Irriguer les membres de joie et les yeux de mille feux
Ecraser la passion sur le cœur jusqu'à le comprimer
Renforcer les muscles de la mémoire de l'amertume et de la souffrance
Venir inscrire la passion sur la peau en tâches apparues
S'assurer qu'elle respire encore toujours de sa propre nécessité
Faire une légende de certains cœurs plus que d'autres corps

S'intimider mutuellement le long de la ligne blanche
A chaque question redresser la tête baisser les yeux lever le bras et montrer le reste de la paille sur la manche
Couper la parole des dents et entrecouper les

descriptions de plaies manifestes
Ne rien craindre juger sur la mine et outrepasser les mots prunelles
Faire en sorte de devancer les questions et de tirer une conclusion du regard
Envisager la forme masquée de l'approbation comme un tour de passe-passe
Se décider à lever les yeux à prêter attention à la source du regard sans rien ajouter
Avancer une nouvelle fois le bonheur immédiat et le bien-fondé de la joie spontanée
Rêver ce moment-là et se prendre à prédire à redire les bonnes choses sans crier gare
Déborder l'émotion les yeux gorgés d'étoiles plus ou moins proches
Faire ses affaires de tout ce qui est dit et craindre néanmoins la frivolité
Soupçonner le doute et l'entrain des visites rognées comme chaque fois
Enrichir le désir alors que les bonnes dispositions sont reproches la bonne chaleur n'est pas paradis les bonnes heures rares et les bonnes façons discrètes
Ressentir mieux peu à peu courants d'air et moustiques coups de vent et insectes
Recevoir bouquet de fleurs épineux fruits gâtés et gâteaux mous
Siffler le chien les yeux humides et lui présenter

des mains vides
S'incliner derrière le rideau sale autant que le visage les cheveux et les habits communs
Accrocher aux poutres les chaussures grossières pour marcher les sentes
Être insatisfait de l'être les gestes gourds et le déclin du soleil sous-entendus
Prévoir de simplifier et de ne pas s'éterniser sentimental

Réagir à la panique et se défaire des peurs
Trouver chaque expression du visage comme pure
Penser ridicule de décrire les émotions et les gestes
Trouver comme inutiles les choses qui ne se font pas seules
Vivre pendant des jours dans l'émerveillement et n'exprimer alors que les blancs par timidité
Réfléchir entre les mots et se méfier des espaces d'entente
Craindre le *je* de l'absolution le *tu* de la substitution
Déraisonner le verbe nommé sans être hostile aux reproches
Changer d'atmosphère au gré des blancs et réfléchir à deux fois au choix

Suivre la rivière nu sur la terre battue comme emporté par le diable
Redire le présent dans son coin sans plus y être redire le choix et ses conséquences à méditer
Se débattre dans le scrupule qui joue un tour et le prévoir en nombre sans le croire
S'emprisonner à la mémoire de la respiration et du remords au moindre accroc
Ne pas s'embarrasser des combinaisons et changer le point de vue qui tombe sous le sens
Faire à sa façon et avoir ainsi le cœur à choisir

S'avouer impuissant à réussir même simplement à continuer
Prononcer d'immenses cris où ne se mélange aucun tremblement ni aucune mécanique
Se demander ce qui a pu arriver et discréditer ce qui a pu se produire
Aiguiser ce qui est oublié et déjà évoquer les dernières paroles encore
Dire avoir aimer plus que l'autre et en venir à le ressasser
Changer les choses entre temps et conserver un coin de tissu un morceau de matière
Balayer le souvenir en cendre et dégrossir le passé de la mémoire
Recommencer les travaux pour concurrencer le

vide aux horizons
Recomposer le sentiment depuis les dernières pluies
Absorber les soucis devenus charges lourdes à résoudre
Assourdir les paroles en s'éloignant à peine des oreilles
Alourdir le qui-vive par tempérament et alléger l'alarme installée à l'année
Avoir pris ses dispositions d'un rigoureux tour de vis
Eprouver quotidiennement la nostalgie des tranches de vie
Siffloter simplement fredonner même au martèlement des pas

Aller au but en revenir troublé n'est plus de mise
Être alarmé par la simple façon outrancière de faire
Considérer les nombreuses opérations pas plus de trente minutes
Recomposer comme preuve la victime au présent
Prévoir les impondérables ne pas être confiant à l'excès
Décortiquer de façon ni trop lente ni trop violente
Rincer les os à l'eau claire et bien envelopper le

tout
Frotter le ciel tout frais et l'enfermer dans les nuages
Garder en mémoire l'apprentissage des attitudes et des gestes
Percevoir comme une fatalité l'image gardée du souvenir
Sortir de sa peau aller aux loups puis aux cochons qui finissent tout
Courir puiser au fond de soi quelques gouttes de cervelle
S'asseoir dans la cuisine genoux écartés et compter les pertes sanguinolentes
Altérer la perception la première fois et être possesseur de l'habitude ensuite
Goûter le vice méthodiquement et égorger les preuves en définitive
Laisser reposer le passé invariable et se laisser penser trahi
Espérer guérir sans comprendre et cicatriser chaque jour du nombre

Ne plus jamais fumer et rester seul dans son fatras
Choisir de ne parler à quiconque et n'avoir personne à qui parler
Concilier joie et tristesse côte à côte
Concevoir une joie lucide et prudente pouvant

servir d'alibi à la tristesse
Prévoir la tristesse elle-même consciente d'une joie possible
S'égarer lorsqu'il ne se passe rien de bien précis
Secouer alors la chevelure qui sèche à tout vent
Accentuer le va et vient de la main
Accepter ce qui prend du temps avale accable et nourrit
Connaître idéalement les mécanismes de la réparation
Lever le verre le visage aussi et sourire le début d'un faux débat
Dévoiler la soif et la peur et ne répondre à aucun questionnement métaphysique
Trouver sa place dans les interstices d'une solitude intérieure et des souvenirs de la trahison
Se cacher la tête sous l'aile disons de l'amertume pour la métaphore

Dépecer brûler disperser puis s'épousseter convenablement
Prendre l'air modeste les nuits claires près de la lune
Supposer s'enfoncer les doigts dans les oreilles à la lueur des cris
Convenir à un enfouissement possible avec l'intention de ne pas se faire remarquer
S'efforcer de faire disparaître les yeux qui pleurent et implorent la voix qui supplie ou encore la bouche gémissante et le poitrail embrassé
Lutter contre les soupirs et vite pousser ce qu'il y a à taire
Distordre l'image de la bouche pour le cri
Graisser la terre et souiller de la même façon les mœurs
Dire seulement les fumures extraites à cet endroit
Ignorer le drame autant que le souvenir resté tout près
Garder le secret des bruits creux et ne pas évoquer les eaux noires
Se frotter les yeux entre maisons et granges pour un coup d'œil alentour

Ratisser large sur des kilomètres les trous emplis de verres cassés
Saluer tout le sang d'une main le galbe le plein des joues et le col du cou
Bavarder autour d'un verre bien servi près le feu par terre plus ou moins
Aimer le murmure de la musique en général pour l'exemple
Se pencher pour boire l'eau sur la lumière de la pluie
Contenir sa mauvaise humeur et les idées plurielles sous-jacentes
Devancer les aléas et faire mine d'être jovial à ce moment-là
Se prêter des sentiments destinés à se prendre les pieds dans la mémoire

Craindre d'être tenu responsable d'on ne sait quoi suite à un temps mort
S'attribuer de l'intuition pour un bruit inattendu au moment opportun un souffle de vent une légère poussée une toute petite lueur un frôlement une minuscule hésitation une inquiétude en définitive
Se demander comment faire pour accompagner les bruits mieux étouffer les odeurs ou encore des fois mieux scier les os

Comment mettre à nu l'anticipation des choix pour une possibilité insoupçonnée de mal faire
Détacher ses pensées de l'haleine facilement fâchées des liens du cuir
S'accrocher un moment aux viscères en l'état de bon ordre
Ignorer plaintes et suppliques mots sans suite de l'olfactif à l'esprit aux nerfs de la pensée

Savoir que la forêt sépare un bâtiment d'un autre et ne trahir ainsi aucune présence
Frôler une clôture restée ouverte telle la mémoire jouer un rôle à corriger
Les yeux nourris d'eau mal tenir la peur devenue hors de portée
Être aux petits soins de son attention et hors de vue déplacer ce qui grince aux oreilles
Serrer les doigts avec aisance sur le manche une marque rouge au creux des mains
Avoir du mal à tenir les membres fermement jusqu'à ne plus pouvoir
Tester la pointe avérée du doigt et sécher la sueur sur le couteau
Relayer les aboiements par des cris dans de vieux draps
Se couvrir de frissons et se convertir en fureur impatiente

Se retourner sur soi sans crier gare et surgir de l'ombre en pleine lumière
Regarder se dessécher les jours comme les moutons laineux au coin roulés
Ne pas attendre la raideur du corps ni la hache sur la colonne vertébrale
Accompagner une émotion quelconque lors de la transformation du corps qui bouge encore
Retourner plusieurs fois la carcasse encore flexible insensiblement
Entasser l'inerte couche sur couche jointe à la chaux nécessaire et placer des planches au-dessus au mieux
Se fondre à l'ombre quand le sol tire à lui ce qui est de trop
S'égratigner superficiellement ou se râper le front contre toute raison
Préférer agrémenter mottes et souches ou çà et là confectionner une bordure broussailleuse
Se servir de branchages souillés et notamment traînés en longueur
Tromper la sagacité du regard en se dépêchant d'éparpiller les feuilles aussitôt
Effectuer la besogne avant de voir les empreintes se perdre dans la nuit
Goûter l'amertume et percevoir au ras du sol l'odeur encore porteuse de parfum
S'époumoner au contact de l'air frais et des

douleurs reposées
Prendre les choses à cœur et parfaire l'écœuré quand le sang reflue
Se goinfrer vorace le pain dans la bouche de chair cuite et de peau grillée
Demeurer sans signification sans justification et attendre pire

Effacer les lumières pour que les rongeurs découpent et que les oiseaux emportent les restes
Apporter l'eau et préparer la cuve à nettoyer puis lessiver
Sécher les lignes semblables à celles que l'on vient d'achever
Fixer l'attention sur le rat finalement et les mauvais soupirs
Être tout de même inquiet des conséquences d'un événement en dernière instance
Ne laisser tomber aucun mot préjudiciable et veiller à ramasser le discours sale
Développer des paroles obscures pour défendre son amour-propre
Interdire à son imagination l'accès à ce qui ne se dit pas
Trouver le bon arrangement et l'équilibre maîtrisé des mains
Se convaincre de la bonne méthode et garder

ainsi sa conscience pour soi

Affirmer que les charlatans réussissent à produire des images en utilisant des remèdes et des actions corporelles de toute sorte
Se joindre aux anecdotes propres aux maladies mentales
Se préparer des tourments et les faire remonter à la surface
Commencer ainsi à exister détaché de toute passion
Être soi soi-même et ne pas être reconnu pour autant
Sortir clandestinement d'un tonneau et paraître ainsi
Se préparer à être montré du doigt à l'improviste
Être issu des circonstances ou des causes seulement
Se déplacer comme un flotteur au gré des vagues tendues
Gravir la pente et frôler un passage naturel une grotte choisie comme repère
Repenser les choses sans avoir en mémoire les raisons précises qui amènent à réagir
Ne rien trouver à dire d'important ou même quelque chose à redire
Parvenir encore à maîtriser ce qu'y est difficile à

contrôler
Côtoyer quelque chose d'irréversible et choisir ici ses mots
Témoigner de la curiosité et s'affoler d'une contribution nouvelle
Placer le corps sur une voie ferrée ou le brûler le compacter ou le faire dévorer ou l'avaler soi-même
Le couler et attendre que l'eau sorte par les yeux après bien des allées et venues
Faire n'importe quoi avec n'importe qui et s'essuyer les mains
Rester sur place comme les rochers et les talons lourds de glaise grossir les morceaux
Avoir son histoire à raconter et oublier les dires précédents
Parler le malheur avec indifférence et l'anecdote tout autant
Se réjouir à l'idée de donner le mot et tout ce qui vient à l'esprit

Conserver à tout prix la chronologie et jouer le jeu complexe de la temporalité
Abandonner le jour qui dénature ou ignore les actes y substituer la nuit qui conserve tout
Reformer une synthèse des éléments disparates avec ou sans témoin

Rester interdit dépossédé de toute présence et en tirer les conséquences
Renoncer au monde ses dehors comme son dedans sa matière comme sa représentation
Choisir de parcourir l'arrière-pays jusqu'à atteindre d'autres maisons d'autres forêts et lacs
Vivre dans une cabane de tôle et de toile sans savoir mieux faire
Finir par dérégler le témoignage réel par le témoignage de l'imaginaire
Inscrire les détails consciencieusement et en revenir au dictionnaire

Être prêt pour essayer de retenir au moins quelque chose par défiance
Mimer l'état d'agrégat profond séparé de la vie authentique
Vouer à se dénouer des écarts dommageables des sauts à faire vers l'intériorité et des causes occultes
S'occuper à scier ajuster et polir des os desséchés et blanchis en tirer profit
Rompre de mieux en mieux les tendons et suivre les nerfs au premier plan
Découper à multiples reprises le nerf vague de l'image plausible
Prendre des morceaux amidonnés entre des

doigts malléables à souhait
Avoir penser à manger la main et ne savoir que dire de cet avant-goût
Réduire en nombre des grains de nouvelles peaux à fondre
S'épancher dans le réseau de fibres de chaque chair écumeuse
Saupoudrer le brouillon de sel et transpirer le jus des chairs égouttées
Être amené à avouer bien tard jusqu'à un certain point

Affirmer qu'il y a différentes manières d'aborder une vie
Renouveler les manières de voir en étant préparé et curieux des milles implications jouant constamment de l'absurde et se trouver dépourvu
Revenir sur un lieu plus fort et citer la fenêtre des premières images
Être suivi de l'intérieur avec bienveillance et se délester des remords
Exagérer une silhouette qui trébuche entre les flaques sans vouloir faire mal
Entacher une forme humaine d'un mince filet blanc d'écume
Apparaître et disparaître à la faveur du terrain tantôt engloutie et tant côtoyées

Courir tête baissée pour suivre son cours et s'accrocher à son pas
Heurter des troncs vermoulus fidèles aux mains au bon moment
Avancer en vain alors que l'anecdote semble s'éloigner
Avoir beau faire quand un voile de vapeur et de buée la dérobe
Battre la houle qui enlace tel un brise-lames destiné à autre chose
Ramer éponger l'épais liquide à la fois sang salive et eau
Palper la lande rase et laisser souffler en soi le mal très fort
Choisir les vérités et rompre coup sur coup une époque courante
Arriver à sa hauteur et prévoir de mauvaises pensées de soulagement
Chercher où en est l'origine du relâchement tant redouté
Epouser la saveur d'un courant peut-être de force
Feindre de penser que les choses peuvent tourner autrement
Modifier la bouche pour entendre autre chose que ce qui devient déchet
Fermer les yeux de lassitude longtemps après et digérer ça

Sortir de son repère comme d'une fournaise en éprouvant comme l'allégement d'une souillure
Emerger d'autres fois illuminé et revêtu du manteau de dégradation
Se présenter bien inspiré et s'écouler d'un pur jus
Suivre sa première conduite au lieu de déterrer cette matière
Participer à la vie rayonnante et se survoler soi-même
Se restreindre et passer à autre chose comme eau et filons houleux
Inclure ce qui gît là dans l'immersion de la vase entre les touffes de joncs
Placer les choses dans l'ordre à bonne distance et s'apprêter à fuir raisonnablement

Ne pas comprendre ce qui arrive aux granges abandonnées et se méfier des pierres posées sur la réalité
Fouiller de part en part les ordures coutumières du nez et calmer la terre crevassée par des fictions gentilles
Louer les jachères incomplètes et les grisailles
Hâter la fonte des chemins défoncés à l'aide de rafales tièdes
S'ébrouer en novembre inondé sous le vent rêche et jeter des planches de chênes sèches sur rigoles et mares
Prendre congé dès à présent comme le mieux qui puisse être fait

Se mettre en tête de vendre tout exactement à l'heure de partir ou mieux de fuir
Régler le moment de cette prise de décision attendue et nécessaire
Se dire qu'il n'y a pas de regret à avoir confidence faite
Installer une mise en scène dépris de toute illusion
Tenter les images chatoyantes et tirer parti de

mots convaincants
Commencer pied à pied par une visite exploratoire à l'accès difficile
Montrer annexe matériel animaux rivière l'arrière des bâtiments le dos de la maison principale et le ciel si nécessaire
Cacher le puits et la fosse entre midi et minuit
Se débarrasser des idées mortes au vent au soleil au froid à l'eau
Marchander des projets devenus ombres de carcasse de mouton
Sacrifier la chance suscitée par le rêve y mettre de la souffrance
Négocier les regrets ajoutés l'ennui cultivé la solitude encore bavarde la terre avare le ciel sur lui-même et le travail excessif
Lever un regard inquiet sur une fissure une lézarde un canon de cheminée affaissé ou les tuiles du toit dénudé
Le dire des yeux voir ce qui est dit et le cacher des grimaces
Camoufler la franchise sous la peau pour toute autre créature
Dégager un propos cohérent sur ce qui peut être retiré du bien
Donner forme au sentiment de propriété dans un recoin sombre l'appréciation à contre-jour
Chercher à entrer en contact avec un marchand

et garder les yeux brillants
Présider à un préambule et abandonner la parole incantatoire en cours de route
Se retirer dans un débarras de trop ou un vocabulaire à qui se fier
S'assigner un coin et utiliser la bonne formule loin des ovations
S'imposer un certain ton et désigner l'invendable en vrai
Calmer l'irritation de la ritournelle habituelle mais sans plus
Soussigner tout ce qu'on veut mais avoir le dernier mot
Assurer les dernières retouches et montrer des dents la pensée muette
Surveiller sous le rideau la maison engloutie autour de soi la boue accumulée les nuages moroses et les embûches

Exécuter de bon matin le dessin du bien principal comme un mille-feuille
Mesurer tous les possibles l'état général du bien et les travaux à entreprendre
Surprendre une transparence du regard ne pas s'interposer entre la pierre et l'œil
Jouer de la mesure et des proportions à défaire la vue attachée à un angle mort

Rénover d'un coup d'œil le bâti le plan en tête la maison redessinée
Nouer des mains des liens étroits entre contours et formes regardés
Savoir la mare asséchée sans ébruiter la nuit les moustiques
Tourner le dos à l'évier à changer à la vigne en façade sèche
Ne pas dire le puits à l'eau trouble avérée
D'un pas s'écarter de l'odeur de renfermé et traîner derrière soi le bouquet des champignons des caves
Faire fi des remarques comme feuilles brunâtres collées aux coudes
Lire l'harmonie avec le brouillard sur les champs d'orties le ciel en fond de toit le rouge brûlant du feu la cendre grise le vert humide le feu de bois vert l'avarice des pouces de terre la maison enlisée l'accès goudronné jamais promis les abords jamais nettoyés les champs ratissés noirs les remblais de galettes de boue
Ne pas révéler les planches pourries au sol ni le salpêtre autour des fenêtres ni la lézarde autour de la porte ni le portillon démantibulé du jardin
Penser simplement que ce qui peut se lire s'en sort mieux

Être dans ce qui n'est pas dit tout entier caché dans le silence et son expression
Montrer du doigt les éléments de sa condition et ranger les déchets par ordre alphabétique
Faire siens et découvrir les défauts les taches de soleil sur les murs des nuages de beau temps un chien des chats dégoûtants des vitres cassées de l'humidité dans la chambre le sol de carreaux rouges descellés la bouteille de vin posée en évidence deux verres à bon escient
Attendre l'eau chaude mesurée à l'inépuisable goutte latente et intime
Céder devant ce qui s'ouvre au cœur des choses à l'ombre de la cour
Toucher du doigt la réalité le puits sec la source faible et alimenter la conversation
Prévenir la déception et annoncer le dépotoir les gravats ancestraux les débris hétéroclites
Déployer les limites dans l'ombre sans aller plus loin
Insérer dans la maison cave et greniers et montrer du doigt bornes et bordes
Raconter trop n'en dire pas plus et tenir suspendue l'attention
Echanger des façons de faire des recettes de vie pour un sans-faute
Partager un avis et secouer ses propres poussières
Honorer ses engagements oublier l'inutile et se

rendre compte de ne pas avoir de projet
Paraître et montrer par-dessus l'épaule la campagne les forêts étangs semailles et bestiaux ce qui effraie le souffle des mufles ce qui est sale
Ecouter le vent courir la pente harasser le lointain brûler la fraîcheur recoudre la haie et forcer la vue et l'ouïe
Prévoir les eaux sans rives dessinées et arracher du dos la mousse verte
Chercher à relever de vieux écriteaux souillés de boue
Plaisanter sur le grillage enchevêtré impossible à démêler
Dévoiler le poulailler surplombé de béton et les murs troués bouchés de briques rouges
Laisser les journaux s'entasser et conserver les sacs plastiques
Se laisser entraîner aux désagréments la moue dans les yeux
Négocier le printemps pluvieux les saisons pressenties les assauts du givre et la brume bleutée
Se cramponner aux variations du temps et en venir à de meilleures conditions
Endurer tant de giboulées et tergiverser tant d'années afin de donner le change
Apprécier l'euphorie généreuse des hirondelles encore là
Trafiquer l'ampoule qui grésille machinalement

quand le chien jappe
Lessiver le reflet dans la glace à peine debout la poussière sur les cheveux le plâtre du plafond fendillé le ciment partout et une autre peau sur le carrelage froid
Ramener les gestes de travers et recommander le tout facile à comprendre
Confier son assurance et ne pas démériter de la sagesse familière

Savoir que ce qui se nomme ne s'offre pas naturellement
Envier la vue prise à revers d'une terre tendre
Extraire ce qu'on sait de ce qu'il se passera et se corriger plus tard
Durcir les conditions d'un œil neuf à l'image du bien
Se réjouir vaille que vaille de la peau de l'ours
Aller à la rencontre de ce qui peut fuir et faire son sac autour de ça
Être conscient que la fausse mémoire existe alors s'emballer pour un paiement fluide le jour venu

S'aviser de ne rien déranger dans la maison cédée pour rien
Faire avec cette odeur emmêlée d'os au

fumier cru
Claquemurer des araignées au coin des murs
Voir les ombres simples quand personne ne voit ce qui est vu
Se raser d'une lame tirée de la poitrine la peau calmée d'un vent frais
Apaiser la chair crue les mains irritées par l'outil
Se laver de l'eau malsaine quand la peau respire la cendre propre
Chercher à passer inaperçu et se consoler de sa propre patience
Vivre accroupi pour ne pas être vu dissimulé pour ne pas être entendu
Soutenir le simple vitrage des vitres à l'air libre heurté par l'eau de pluie
Hanter la maison rôder le verger et sautiller les clôtures couchées
Avoir des idées en réserve et maugréer les meubles entassés dehors ou les outils distribués
Se poser à la cave le bois entassé au coin et la boue au bord
Pouvoir rester dans les combles aussi longtemps que nécessaire

Percevoir au quart de ce qu'elles sont les images crues

Secouer en tous sens la flamme à la même place
Révéler alors feu et fumée comme dernière image imprudente
Dire une certaine manière d'agir en dispersant l'essence
Mettre le feu aux granges isolées d'abord les narines fermées à l'odeur
Jeter son sort sur ces choses et agir en son nom
Être méprisable et calomnié pour ça plus que de coutume
S'agenouiller le visage penché vers le sol l'allumette au doigt
Eprouver le sentiment du sourcier tendu vers l'eau
Relâcher les membres quand les yeux se brouillent inévitablement et qu'à l'intérieur de soi tout est noir

Pendre des distances avec l'ailleurs tourner en rond et échouer à mettre de l'ordre dans l'inconnu
Céder au cerveau et donner de la tête aux multiples bifurcations
Partir en été à l'heure du va-et-vient et se croire aller vers la lumière
Partir en hiver aller ici ou là d'un côté d'un autre ne pas aller au fait
Se rattraper au soleil de manière futile et disparaître calmement
Se déshabiller affaires faites à la faible lumière et laisser au sol les haillons
Ne montrer que la face sombre des expériences et retirer son corps de là
Avoir quelque chose à cacher et à l'instinct se mettre à distance
Recommencer tout au mieux et respirer sa présence tout au plus
Sentir les odeurs envolées nez à nez avec les accolades familières
Être accaparé par un courant d'air entre les fibres du tissu
Frotter de mains en mains la puanteur des matinées mouillées

Inspirer plus profondément et vider l'atmosphère de tout l'air ambiant
Convertir le vent en souffle le nez autant que le poumon sûr de lui
Froncer les sourcils cligner des yeux sans aucune bouffée de honte
Retrouver une véritable attitude et se faire remarquer à nouveau
Appeler à la prudence dans les bois les sacs chargés d'embûches
Chercher une autre fatigue apaisée et ne rien laisser paraître

Aimer le charme des cachettes et le goût corsé des larmes
Aimer là un soir les nouvelles larmes à l'entaille des lèvres
Mourir d'un autre lieu dedans jusqu'au cou plutôt que de rêver silencieux
Partir en souvenir du paradis et mourir de l'idée première à genoux
Suivre les routes connues les chemins soupçonnés et les sentes parcourues
Faire confiance au vent à la pluie aux corbeaux et aux nuages clopin-clopant
Accompagner les chaussures de faux pas démembrés et serpenter ainsi

Cheminer la boue à petits pas prudents et craindre d'être vu au tournant
Allonger la marche et surveiller ses pas prisonniers des orientations de l'esprit
Aller plus loin et s'imposer cette idée calme de devoir fuir ou reculer
Acculer sans se perdre à la ligne droite sitôt dite sitôt prise
Chercher des yeux un bâtiment des fenêtres toujours fermées et une porte laissée ouverte
Toucher les choses avant de les voir sans attirer l'attention
Humer la fumée de la cheminée la fragilité brassée par le ciel
Découper avec adresse une clôture et une autre très loin malmenée
Ne rien abandonner du doigté nécessaire à la tâche
Découvrir le plus court chemin et ainsi se consoler du hasard
Quitter la route prendre un passage caillouteux et suivre la trace des bêtes
Regarder une bosse de terre et des murs au sommet d'un raidillon
Percevoir l'aboiement du chien au loin le bruit de la tronçonneuse
Refuser d'aller complétement vers ça au présent

Citer les pas comme promesse comme qui doit trouver une issue
Accentuer la mort de l'ombre à chaque enjambée
Ne pas jouer à l'aventurier malgré une puissante incitation
Consumer l'ivresse en ruse en biais jamais de front sur la ligne de départ
Avancer par surprise de palier en palier de pas à pas un porte à porte
Ne présider ni à la conscience ni au projet ni au choix ignorer même une solution
Marquer d'une signature le tracé des pas dans le plus lointain rêve intérieur
Mêler les paupières aux moirures de la lampe ne rien percevoir d'humain ni tête ni quatre membres issus du torse
Se débarrasser de l'intellect qui adhère au souvenir et retrouver le dégoût
Annuler telle abondance de détails sans toutefois s'effacer
S'évertuer à camoufler mieux et à décimer les raisons avancées
Alléger jusqu'aux étendues plus ou moins immenses les souvenirs à éparpiller
Etirer dans tous les sens à la limite des membres à l'animation du cœur les rêves
Se méfier de ce qui n'est qu'impasse cul de sac et

souricière
Pressentir à sa suite de timides mouvements mais taire la sente
Suivre les sciures et après coup s'engager plus avant
Porter le poids de la lumière et les actes les plus simples sur le dos

Traîner les semelles s'orienter et se limiter au visible en demi-teinte
Donner forme à l'instrument de mesure des pas comme indicateur du début et de la fin
Propager au plus lointain le fond de propriété fatras intérieur et friche hirsute
Composer avec les sombres pensées qui se perdent sans importance
Marcher sous la pluie ou vadrouiller la nuit pour appâter la rêverie
Heurter chevelure et filaments tout ce qui dévale et se perd plus bas
Continuer à se lécher les doigts à mesure que diminue le temps avant le soir
Eprouver la chair qui se déroule de vêtements pour avaler la lumière
Laisser là l'étoile sur le droit chemin et savoir à quoi s'en tenir
Se préparer à parsemer les pas hors de portée d'un

mauvais cerveau
S'ouvrir une voie d'un simple clin d'œil sans déranger quoi que ce soit
Ne plus souhaiter avoir d'autres pensées que la bonne direction
S'écarter des choses forcées fuir autrui et ne pas être plus avancé
Passer son chemin et qu'advienne en échange une terre d'élection

S'engager sur un chemin évasif sans point de départ sans arrêt entre respirer et ne plus savoir
Tenir en ligne de mire le parcours d'un idéal à l'existence incertaine comme les bifurcations à contre-cœur
Revenir par des chemins plus courts le long de haies interminables
Effectuer une marche sous le ciel réprobateur au-dessus de la tête
Se présenter à l'entrée d'une forêt pelée ou le corps se détache et tâter la moiteur
Être porté par les cris de plein fouet les appels indignés dans la paille les coups de sifflet au souffle hostile
Se relever chaque jour en porte-à-faux osciller au supplice des mouvements et perdre pied
Prendre son fini par piétinements en tous sens

comme la mouche aux lèvres
Ployer sous la voix des injonctions et se mettre à couvert des sentences à pertes
Délivrer un secret et mal expliquer l'imagination comme repère aux antipodes

Se perdre quelque temps dans un endroit inconnu et s'astreindre à rechercher une issue
Tracez des cartes de pays faciles et repérer des points précis pour favoriser le guet
Se construire quelque chose entre déchirures brutes éboulis et recouvrements intentionnels
Confronter les horizons sans encombre à la honte séquestrée
Changer les membres de place et déplacer au plus loin les os à mi-mots
Emporter une pierre contre mille foudres dans la fuite et ses dangers
Faire provision de jade serpentine ou diorite de pierres polies ou à trou
Être traqué et tenter sa chance non sans quelques détours entre fouillis de hêtre fourrés épais et profonds fossés
Prendre la poudre d'escampette une fois pour toutes par nécessité
Croire un moment qu'elle vient des entrailles penser qu'elle vient du cœur et d'autres fois

penser qu'elle vient du cerveau
Être suivi de loin et plaindre la victime la preuve entre les mains amadouées
Préférer enfouir la tête quand le rêve n'est pas toujours reconnaissable même dénudé
Se perdre de vue sous les yeux qui fixent le regard sans être une figure remarquée
Pendre part à la métamorphose que la terre au matin consolide nécessairement sous les godillots
Se laisser tomber ainsi les mains crispées comme une motte retournée
Accompagner de lentes caresses familières les erreurs et ne rien connaître de plus

Faire son entrée debout au bon endroit après un voyage jugé insipide
Se présenter parti d'un point suite aux raccourcis et apprécier le nouveau ciel sur les fatigues depuis lors
S'actualiser dans un autre cerveau en successives volte-face et gagner le repos en dépit de gestes hostiles
Résider un an au moins dans les broussailles et ne pas manquer les intentions ramenées à la lumière du jour
Sortir à pareil heure et tenir son pari ainsi ou se donner comme présent et devancer l'avenir

Suivre ses jambes et médire l'ennui
Porter et soupeser son corps c'est-à-dire chercher le lait le vin l'ironie du sort
Se couvrir la tête sale et bosselée d'aubépine et de romarin même
Se couronner de feuilles de vigne a portée de main et dire les esquisses
Se remémorer l'expérience en cours au jour le jour pas à pas et connaître son avenir mais ne savoir dans quelle direction poursuivre
Se dresser sur le lit ainsi cligner des yeux arranger son regard et ses jambes
Prendre sa tête à deux mains ne plus être sûr de vouloir et se méfier sans conviction
Parler difficilement et de manière inintelligible d'un thème particulier du bout des lèvres ainsi mordre les rats

S'encabaner et appeler cela l'humeur vagabonde
Faire passer le corps du côté des étoiles et laisser derrière soi la voix le regard
Choisir le point de départ camper celui-là ou celui-ci
S'assurer de l'endroit changer de place si l'on veut et subrepticement détaler
Fuir la friche et s'aplatir au moindre recoin le cœur dans la bouche
Figurer la bûche morte et souffler sur les cendres qui reposent
Soulever des pierres qui ne bornent rien et s'emparer de l'environnement
Découvrir sa propre absence sans s'émouvoir
Graver l'air épais plus profondément encore
Être congédié d'un monde et découvrir un lieu ouvrant un autre monde

Habiter une nouvelle cabane au creux du boqueteaux et choisir la manière de s'installer dans le paysage
Accrocher la construction à l'entrée d'une grotte et sauter dix fois par-dessus les troncs pour entrer
Faire pénétrer tout ça dans les yeux à couler des

jours apaisés et tenir la raison en dehors de ça
Piétiner la respiration des souliers et suivre l'empreinte des pas les yeux tombés
Compter les inspirations et souffler la cendre soulevée sans jamais reposer au hasard
S'habiller en berger encore demain sans doute et se tenir éloigné de tout
Faire cause commune avec les marques sur la peau et sortir du trou ainsi déguisé
Se piquer au vif soi-même baigné de larmes brûlées et trouver le hasard suffisant
Apprendre le nom des lieux-dits coincés de ronces et s'égarer au cours de l'eau jusqu'au cou
Se livrer entier aux arrière-pensées sans résolutions et prendre le frais mains tendues
Mélanger les possessions de chacun et faire une mauvaise affaire
Croire que dieu a parfaitement rangé les choses pour quelques-uns et louer cette volonté de bien faire
Refroidir la bonne aventure avec sagesse et pondérer sa philosophie

Choisir une matinée et recréer instant par instant les journées écoulées
S'enrouler d'un autre air ailleurs et transposer au gré du vent des dimensions différentes

Rêvasser des vues parallèles hors de toute prise construite d'un coup de vent
Ne voir la réalité que du bout du nez et multiplier ainsi de longs raccourcis
Craindre de ramener à la conscience une chimère et alors taire le ciel invétéré
Attirer l'attention des bêtes et crier farouche plus vrai que parler
Interpréter avant et désigner ce qui est ou faire comme si
Présider à l'authentique et colmater les accrocs au couchant
Faire couler le feuillage les branches confiées aux mains
Unir les racines et maintenir les ramures l'une contre l'autre
Apprendre à dresser des rameaux et redresser les branches pliées
Chicaner les brindilles aux oiseaux et s'accrocher mieux
Ne pas croire possible ce que le cerveau et ses manies décident
Se construire une morale en appliquant le rêve à la réalité
Inventorier précautionneusement les rêves à croire et ceux à ne pas croire
Se créer un simple témoignage frais et accueillir les oiseaux briguant le soleil

Certains jours avoir besoin d'alimenter la mémoire celle qui pardonne les actes
S'accommoder proprement dit de ces actes qui font battre en retraite les souvenirs

Mettre en avant un coin frais pour conserver le cœur froid
Elaguer l'encombrant et ébarber entre deux blancs
Choisir une clairière et remettre de l'ordre à l'entour
Agrandir le trompe l'œil naturel et faire son chemin en rond
Reconquérir un espace et l'intelligence pratique comme indice
Obstruer les creux par des cailloux remblayer les blancs sauter les vides et amasser la poussière
Calculer les conséquences des actes et se frotter les flancs
Porter une trace de griffure sans broncher
Assister en soi à la présentation d'une poignée de graines
Aimer l'eau fraîche après plusieurs bouteilles vidées
Posséder des absences pour la conscience tourmentée
Laisser l'inexprimable l'incomplet l'inachevé et

l'a moitié fait
Ignorer les ronces qui piquent les mains et arrondir le dos quand elles font le lit
Se défendre contre le moustique et le frelon tout autant
Frôler des yeux toutes les ailes rapides

Utiliser le temps à l'encolure en accord avec l'outil
Obéir à des lois mal connues et suivre des règles mal pensées
Schématiser les vergers du paradis en multipliant les alternatives
Oublier les acquis de la technique et déplacer les angles à la rigueur
Confondre douceur et saillie des courbes quand un peu de racine reste prise ou quand la mémoire consent à perdre le fil
Ne pas connaître la folie des grandeurs baraque et bonheur à la même hauteur
Redouter les capacités de l'imagination et de la même teneur la qualité des murs
Posséder ce qui n'est pas réalisable soit l'endroit unique aux yeux telle la maison d'Adam au paradis
Ne pas arriver à mieux et finir la nuit à l'infinitif
Ne pas se soucier de l'ampleur du paradis ni de l'eau de la nuit

Pouvoir s'imaginer manquer de rien clous et pain suffisent
Être de chair et manger de tout ainsi anticiper pluie et repas
Récupérer les deux d'une gamelle en fer-blanc

Partir de quelque part et revenir au point de départ au seuil
Se déshabituer de l'existence comme décrochée d'un arbre
Mettre une cabane dans une cellule au bout d'un temps
Se fier à la lumière du soleil qui fausse le sol trop près trop loin
Attendre le moment favorable la moisissure à l'œuvre
Au fond d'une cour pratiquer une trouée et en rester aux prémisses
Tendre les jambes pour mesurer et comparer ce qui est connu
Rompre alors les liens du réel au moindre doute et connaître des fourmillements
Refermer le rêve dans un bref espace et reculer les lointains
Refuser le besoin d'aventure pour se souvenir l'instinct nécessaire
Rejeter l'exceptionnel pour se renouveler et

savoir rester superficiel
Réveiller le rêve ordinaire ses racines et ses métaphores chuchotées
Choisir un univers à la période des beaux jours et voir revenir par les doigts les horreurs intimes
Simuler alors la bête couchée et finir la journée le champ d'à côté fauché
Savoir ce qui du choix de ressemblances incombe forcément

Changer souvent d'endroit ne plus être là et mieux se cacher
Rassembler barda outils les choses utiles et ne rien laisser derrière
Situer un nouvel emplacement le terrain cette fois au bon endroit
Entrevoir un sol enduit de mousse combiné à un ciel de fougères
Goûter une poignée de terre noire et renifler l'invisible souffle des feuilles
Reprendre le début avant l'automne en mangeant les noisettes
Accélérer la fin de l'été en tamisant la couleur de plus belle
Choisir les gammes de vert et s'étonner des gammes de jaune
Préparer les métaphores de la lumière et de l'hiver
Les mettre au premier plan en faisant disparaître l'arrière
Orienter les ouvertures offertes au sud comme point de surveillance

Organiser ce qui n'existe pas encore comme jeter

les pierres en tas
Craindre de faire trop de bruit et en être quitte pour accentuer les mauvaises langues
Creuser des galeries plus loin qu'on ne pense en faisant mal l'assemblage de la terre et de l'air
Prendre au pied de la lettre la glaise et sa grisaille
Amasser des matériaux sur un tertre et faire siennes les contingences
Commencer avec une hache et porter les coups à l'excès
Racler le fil sur une pierre sans brusquerie excessive
Diriger la main et dégager les parties épineuses de la conscience
Concevoir le choc infatigablement et le sentiment d'une conduite précise
Attirer l'attention sur une forme ordinaire et rechercher l'apparence facile
Murmurer les métaphores des petites fleurs blanches marmonner les louanges de l'eau et transposer les choses
Savoir le moment où il faut arrêter lorsque cesse le souffle s'interrompre

Comprendre ce qu'il y a à comprendre et ne pas essayer de s'échapper
Calculer aux extrémités voir largeur hauteur et

prévoir aux frontières la solution
Chercher les verbes qui disent la dynamique sans rien à redire
Concevoir avant d'exécuter et attendre la chute des feuilles
S'obstiner à gommer à griffonner le sol dans le même temps
Disposer des pieux ou arracher d'anciens piquets de clôture
Etudier la silhouette des tiges pour laisser pousser le rameau
Travailler la fourche du feuillu et étirer dans tous les sens la branche docile
Entrelacer les souples tressées à la paille et taire les ramifications aléatoires
Prendre le temps de combler les lacunes et suggérer un résumé à l'esprit
Esquisser la vérité à l'obstacle des doigts qui jamais ne laissent intact

Vivre le rocher serrer la ruche ou caresser la carapace de la terre à peine le ciel et de la terre au ciel les fondations légères
Idéaliser l'idée du bon sens et s'extirper de la tromperie par expérience
Réfléchir posément aux proportions et exposer les dimensions

Utiliser le fil à plomb de l'œil la sagesse de la main l'équilibre du pied et la rêverie élastique
Imaginer le tout et imiter comme tels le sens et sa faiblesse
Souffrir un résultat à la mesure sans compter colonnes et jardins suspendus sans compter l'ermitage en continuelle formation ni le mal qui ronge
Se perdre dans un objet de contemplation et accomplir de loin l'habituel et l'ordinaire

Enfoncer à moitié les mauvais songes dans la terre et lutter contre l'extraordinaire
Proposer pour les rêves une entrée noire mais avoir peur d'un passage sombre
S'introduire dans les endroits obscurs et se donner l'air épuisé des bas-fonds
Imaginer ailleurs ce qui meut autrement en scènes précises
Faire de sa cellule une hutte le soleil bien en face
Repousser ainsi aux lisières sournoises les fantaisies du réel

Commencer à partir d'une branche resserrer les frondaisons et couper les ronces
S'éreinter le dos aux arrondis se frotter aux aspérités aux pans et émousser les pointes pour

l'harmonie sinon la cohérence
Suivre la poussée de sève et n'être que feuille à son tour ce qui a ceci de bien
Oublier ou perdre le jugement rompu aux manœuvres dilatoires en embuscades
Se soustraire aux regards avec peine se cacher effacer le corps et ce qui n'est pas oublié
Réduire les chuchotements tout pareillement suspects et menaçants
Se faufiler entre les lianes molles continuer à s'en aller mais ne pas se consoler
Ramener tout à son remords et se souvenir de lui lors d'un autre rêve
Voir tantôt le rêve tantôt le remords et tantôt être à la fois dans l'un et l'autre
Chercher l'original et effacer la construction faite pendant la nuit recommencer chaque matin
Changer de lieu régulièrement et le vouloir plus simple à chaque fois
Construire de nouvelles formes entre les ruines çà et là et se montrer différemment aux quatre coins de la forêt pour refaire ailleurs
Désirer entrer dans un temps immobile et envisager d'avoir déjà vécu le ressentir comme expérience au plus profond de la mémoire puis s'en rappeler sans même s'étonner

Trouver un fourneau et brûler les brindilles
Remplir la cuve de pluie après la traite des vaches
Bâtir et boire les fils d'araignée parfois à la place de la traite
Changer l'eau en lait puis verser des liquides plus lourds que d'autres
Renoncer au confort ainsi soigner la dureté du rocher
Glisser un pied-de-biche sous la pierre et reprendre les choses en main un os en moins
Maintenir une partie du temps et ne rien rapporter à rien
Suivre la courbe du soleil après coup et rendre la lumière
Jeter à la dérobée un regard sensible et voir la métaphore au moment où le soleil se cache
Faire la synthèse de l'image intérieure comme de l'hostilité
Matérialiser un coin pour garder le souvenir sans faire d'histoires
Mettre à l'abri l'édifice du dedans et conserver toute la tête à l'abri de l'abri
Dégager le caché grâce à l'aide-mémoire sans bouger le moindre petit doigt
Se retirer du sacré sans devenir puis sortir le soleil des nuages
Camoufler les organes naturels se vider le ventre et mal finir la réalité

Laisser les mauvaises choses en sommeil
Louer un des caractères de la mémoire tranquille
Posséder au moins le sentiment de la périphérie
Remarquer plusieurs choses aimantées hors de soi tel en cordon les insectes serrés
Suspendre la distinction entre la réalité et la fiction
Rendre pensable l'idée abstraite et rendre impensable l'imitation
Corriger la mémoire en histoire revisitée d'images démultipliées
Savoir penser par cœur la fraîcheur et l'envers possible
Epuiser les contenus pour s'énoncer au grand jour
Manquer de prudence quant à se cacher dans la forêt
Habiter les jours liés les uns aux autres par les fauves et les cannibales nus
Découvrir la crainte certaine à contempler la lune le regard malade
Devenir loup gris bleu ou démon en quête de ce qui s'enfonce dans le cœur
Se sentir vampire prêt à tourmenter ou ogre venu de cuisines allumées
S'amincir au fil des jours de la chaîne à la trame

la mâchoire affamée
Lécher l'eau collée à la peau les vêtements jamais secs et les affublements sales
Ne pas se laver ou se nettoyer à l'eau de la suie des souches
Changer d'aspect et de nom sans rien dire sans traits de visage et le nez bouché
Montrer du doigt la cachette à quatre pattes comme une bête vivre l'inquiétude
Accepter le passage de la pluie et passer entre les gouttes à l'état brut
Sentir la réalité à la respiration malsaine d'hypothèses
Avoir en tête des projets étranges et se tenir mal debout
Apporter le trouble et néanmoins civiliser la peur

Assembler le vivant en des raccourcis clés presque seul à mi-voix
Batailler les abeilles et s'ingénier à voler le miel
Se parfumer de fraises sauvages et jouer les simples
Accepter les images des autres et écraser l'herbe cabrée inutilement
Dresser la branche fouettée ou chiffonner les racines grasses
Rapiécer l'écorce crevassée avant de casser le

cours d'eau derrière soi
Défaire le ciel des ronces et priser les nuages comme de beaux camouflages
Arranger les haies épaissir et tisser de supplices les buissons
Chercher le bon pli et comment dire plus que le sens de ce qui est
Ne pas avoir de choses amusantes à justifier

Exister sans insister compter juste les lézardes arrimées aux lignes du ciel
Sursauter aux oiseaux morts le matin et ne pas savoir fredonner un air doux
Être réveillé et se boucher les oreilles s'isoler mieux fermer ce qui ouvre
Chercher la protection fermer portes et fenêtres avant l'heure redoutée
Veiller à maintenir clos les ouvertures aux extrémités
Faire de la lutte contre les courants d'air la règle habituelle
Bannir les intrus et les chats l'entrée des pollens les mouches et les moustiques l'araignée et le frelon le serpent et la rivière de boue le lézard à la suite du soleil rasant
Traquer divers embarras et distinguer les étrangetés substituées

Avoir l'habitude des difficultés et cerner la contrainte retenue
Laisser volontiers le rêve organiser et disposer la chose de la sorte
Posséder plutôt l'idée déjà construite à l'égard des faits
Calculer le taux d'humidité et différencier les cycles de la lune
Qualifier le rythme des floraisons pour voir le passé de près
Concevoir un présent bien différent et partager un monde beaucoup trop proche
Surgir le visage marqué de noir et apparaître à la lumière du feu
Se découvrir n'être qu'à la lisière du village et trahir une présence
De la solitude corriger les abus également sans pouvoir se démentir tout à fait

Camper tant bien que mal la chose et chasser les fantômes rôdeurs
Faire le repas du soir sur un brasero pour l'anecdote
Peser du genou et casser net le bois impossible à fendre
Faire le feu avec attention et ainsi prolonger chaque geste d'un autre

Griller le gras saisi du bout des doigts à vifs
Assaisonner le muscle pour l'arôme après cuisson
Mordre et sucer le goût dans la bouche bien senti
Métamorphoser l'os humain en branche toute entière
Ne plus savoir ni qui ni quoi au juste
Donner du temps à la recette de blanc pour digérer le sang brun
Soutenir la tête avec du bois de laurier reste un choix avisé
S'étendre repu sur la terre crue et ne pas tarder à remonter de loin
Sécher les rêves ensanglantés impunément
Se réveiller quand l'eau ruisselle à nouveau sur les joues
Reverdir quand les branches lourdes tapent l'abri
Réapparaître quand le rêve sur le dos du remords monte trop rapidement à la tête

Devoir un soir préparer à l'orage les réflexes courageux pour se protéger
Dire difficilement l'état d'âme l'émotion le reflet du monde ou sa non-représentation
Remuer dans le vide et ce qu'il y a autour de la faute
Murmurer malaisément l'état de santé et ce qui passe pour ce qui dure
Choisir encore un prétexte pour vivre l'indécision de façon irraisonnée
Se convaincre de rester éveiller sur la couche séparée d'un rideau de toile
Changer l'affectation lacunaire des comptes à rendre ou des confidences
User du libre-arbitre comme perception matérielle et de la résignation comme un prétexte pour stagner
Ne pas comprendre le sens des questions et toutes les choses imaginées
Être muet jusqu'au bout quand le jugement contemple la faute
Se réveiller plusieurs fois suivant la lumière blanche donnée de l'ampoule
Simplifier l'existence issue des recoins ou les souris trottent aux poussières

Tenir de deux doigts le pain mou trempé et laissé là à la clarté
Perdre ses apparences par coquetterie quand l'œil aimante l'accessoire
N'entendre que le liquide chaud dans des gobelets métalliques entrechoqués

Transpirer abondamment dès le matin et humidifier la poussière sur les épaules et le torse
Ne connaître du savon que la mousse partagée dans le bac à eau pour les aisselles
Réaliser le rasage sans miroir au toucher de la face par comparaison antérieure
Jouer du rasoir sur toutes les possibilités et laisser passer les visages venant à proximité
Finir la boisson de mousse pour tenir éveillée la carcasse dans l'attente de quelques ententes
Jouir de l'existence aux limites du quotidien que l'imagination quant à elle prend pour un champ de draps noirs
Se mêler ainsi au monde à la limite des pierres déchaussées
Deviner les murs bornés et ne pouvoir s'éloigner de la cour grillagée pas plus d'une dizaine de pas comptés
Longer les murs comme des murailles de poussière et les voir s'avancer chaque jour

s'amenuiser
Ne rien retrancher ne rien ajouter seulement corriger le réel pour découvrir une vue inaccoutumée et la notion de distance

Manger la couenne et du pain mêlés au relent de sueur au sens et au goût
Avaler de biais une pensée mieux domestiquée et changer de mimique
Refermer le couvercle du repas bien serré entre les mains qui ne s'ouvrent pas
Trépigner tandis que l'odeur effrite les narines que la fumure excite les nuisibles
Tousser fort et se réconcilier avec le manque de réalité d'un grognement
Exploiter les aléas du corps à abuser parfois malencontreusement
Porter des œillères contre les éclairs et se fermer au bouche à bouche
Fermer les yeux sur un sommeil de terre fraîche et de boue
Se sentir regardé dans l'engourdissement pour être vu
Percevoir un bruit au beau milieu de la volonté de s'assoupir
Dormir en chien de fusil à même le sol et entendre le hibou à son tour hurler

Caresser le projet de vivre coûte que coûte et se saouler de cette pensée
L'expliquer comme ça comme une poussée au bord de la paillasse
Y creuser des trous très profonds noirs de suie à la suite les uns les autres
Fermer les yeux par cœur sur les résidus d'actions passées par-dessus par côté entre deux
Se faire des idées sur soi-même pour rien alors que l'aveu redevient un secret pour la mémoire
Avoir une idée de ce qui se dit autour à l'occasion d'une imprudence
Accepter la possibilité d'insignifiantes morsures
Comprendre que ce qui résonne aux oreilles ne change rien au final des propos
Lire sur une ardoise effaçable d'un revers de manche l'énumération des reproches en une vérité irrévocable
Regarder sous tous les angles la poussière aux vapeurs blanches des grains de craie à l'assaut des bronches
Poser des questions échappées de formulations simplifiées
Convenir que certains mots dans la phrase ne servent à rien

Déplier le matin le corps replié la nuit et passer

la journée en posture courbée
Rire de l'espace entre deux pieds limité par une chaîne éprouvée aussi dure que l'infini
Admettre que l'ordre des choses engendre la réalité qui représente l'espérance et à la fois l'instinct de la suspicion
Trouver que les souvenirs prennent du retard sur le vécu et à vouloir l'oubli s'enferment dans le rêve
Ne plus penser le vécu incarcéré et laisser le quotidien interrogé se décrire
Attendre à la lumière ce qui est exclu telles l'émotion les raisons précises les interrogations qui ajoutent de nouveaux problèmes la mise en délibéré et le jugement
Relever les faits pensés d'un langage sans renoncement possible
Répondre inlassablement au présent à chaque dénonciation
Savoir ne rien entendre paraître hautain et juguler le gibet d'un paratonnerre
Devoir enterrer les choses dans les fonds du sol et oublier les actes dans les profondeurs de la mémoire

Se soumettre au secret consciemment envisagé
Cesser un jour d'être interrogé du regard gueule-de-loup
Retrouver le calme des heures dédiées à l'attente et rien d'autre
S'endormir la nuit entre deux gémissements a belle allure
Craindre toute sorte de choses jusqu'au réveil avant la disparition des étoiles
Penser aux poussières comme la poudre d'or au soleil dans la même situation
Ne plus rien entendre ou alors un grésillement mécanique dans la nuque comme le chat à frapper sur la pierre
Être surpris de ne pas crier recroquevillé quand les mains à tâtons maintiennent la tête
Être saisi capturé attrapé d'une main au collet et plaqué au mur écaillé
Se débattre aveuglé et sentir les contours des poings qu'un coup sur la nuque amplifie
Manquer de mots pour décrire le traitement reçu entre irrégularités et incohérences
Aspirer l'odeur de ce qui poursuit dans le sommeil souillure
Empester l'infecte dans les mailles du filet secoué

en tous sens
N'avoir jamais prononcé le mot cadavre et ne pas aimer les réalités
Décrire ce qui n'existe pas et inventer les maux plus fort quelquefois

Être encerclé par une foule la bouche humide de crachats jaloux de rancœurs envieuses d'injures encore pâles
Être traîné et se protéger des poings brandis bien décidés à ne pas attendre le fin mot de l'histoire
Entendre ce qui est dit et l'imprécision des faits au beau milieu des non-dits pour rien des griefs qui tournent en rond et assaillent
Se trouver plaquer au mur et accusé une fois pour toutes soumis à l'affaire entendue
Subir là-dessus quelques coups en plein sur la tête tapée contre le mur qui arrête le corps
Voir scintiller les herbes folles sous la lune agenouillé les yeux levés aux ciels
Faire corps avec lui comme le marbre sous l'étoffe
Être traîné à l'aide d'une corde qui suit les pas marqués d'une pierre blanche
Être retenu dans la lumière vers le chemin de terre bien avant l'aube et ne faire que piétiner
Tourner en rond les yeux fermés pour ne pas

épousseter la poussière les yeux frottés pour ne pas penser la peur
Trébucher d'une racine et tomber à genoux la tête sonnée le corps ballant
Se répéter ce qui était écrit avant le coucher de soleil et ce qu'on aurait pu accomplir
Devenir le sujet de sentences et de suppositions aidées de soupçons
Comprendre la leçon refermée sur la punition publique
Juger l'indulgence inutile et fondre sa conscience dans les jugements
S'attendre aux preuves et se désigner comme bouc émissaire
Renverser la tête dans le cou et crisper son cerveau hors de portée du ventre à tenir
Penser encore malgré tout un espoir une fuite à quatre pattes
Rivaliser avec le sol à plat ventre et se rendre compte de tout sans penser trop

Se raviser comme l'aveu se rétracte en quelques minutes
Essayer de traduire en mot les faits reprochés les choses déchaînées
S'abstenir de bouger hors les cadres et entraves aux pieds

Prendre son parti de ce point d'attache bâtard
Provoquer ses propres punitions et apprendre à parler avec l'estomac
Tout se mettre sur le dos et se sanctionner quotidiennement
Être vivant à l'usure du rythme et des sentiments de faute
Laisser faire et laisser dire en faisant semblant de ne pas être écouté de ne pas être reconnu
Se jouer de ce qui porté en soi par ouï-dire au moyen d'un toron passé autour du cou
S'immerger comme un buvard dans un bain pâteux
S'abaisser à des truquages laissant une effigie malade au fond d'un trou
Empester l'untel tout frissonnant et ne rien pouvoir contre
Terminer de défaire les cordages tramés et déchaîner les réactions
Cautériser l'écaillement des sentences et des présages d'un simple haut-le-cœur

Regrouper les choses et devenir ces choses
Evoquer des lectures et raconter sa vie
Commencer par-là finir et recommencer
Faire part de ses doutes propices au flou
Excuser une ombre dénonciatrice au beau milieu

de la lumière
S'attirer des rancœurs néanmoins et susciter des sautes d'humeur
Apprendre à s'entourer et chanter des noms
Venir en personne esquisser un sourire
Epuiser les proies à leur insu et cesser de respirer le poids des fautes

Fuir la rumeur qui ferme l'horizon après la déroute
Ajouter retouche sur retouche sur les fêlures du crâne
Avoir en soi son personnage et ressembler à son état d'esprit
Réapprendre ici ou là à inverser le cours des choses
Choisir la bonne façon d'esquiver un geste et balayer tout
Effacer les traces repousser les débris et refaire l'eau de la main
Epousseter les loques et évoquer les défroques pour mieux les rajuster
Sentir les choses pouvoir s'achever ainsi et se convaincre de saluer de la main

Dire que ce n’est pas vrai et accepter de s’offrir au tragique
Donner un nom à la figure échappée de l’abri importe
Scier les barreaux sauver sa peau et trouver un pseudonyme
Ne pas savoir où se rendre et rejoindre une frontière plus avant
Chercher la disponibilité d’une identité quand l’alias n’est pas de propos
Montrer déjà son visage comme un masque et proposer une autre posture
Porter la cruauté faute de mieux ou presque rien un crachat incognito
Excéder les limites des traits familiers et inscrire sa trace sur un masque
Sembler toujours soi-même pour ne pas être reconnu
Dépendre d’un point de vue et expliquer la situation sans se mentir
Manquer de courage pour dire le fond de sa pensée
Adopter l’air grave l’amertume et l’aigreur comme chemin à suivre
Se laisser aller à un pseudonyme de convenance

comme lieu commun
Devenir biographe de ce pseudonyme jusqu'à sa pendaison
Rejeter plus loin de nouvelles origines et se consacrer au drame
Tracer dans les lignes de la main ce qui écrit le passé
Brûler en soi des tentations indiscrètes et changer la mémoire pour ça
Se dépeindre sous un jour favorable à l'ombre de son fantôme
Choisir soi-même son monstre et en changer l'affectation
Se rire des potences au bout de la langue même mal à l'aise

Avoir des antécédents tout compte fait avec son identité
Ne pas tergiverser avec les renseignements pris
Rassembler ses affaires et jeter un couteau devenu inutile
Ne pas tirer de conclusion morale ou autre qui puissent se méditer
Ne pas se casser la tête en complications et accepter la substitution
Faire le choix des défroques et ne pas faire le malin

Devenir transparent et pas assez invisible
Dupliquer une simple identité abandonnée à son sort
Se dérober et se travestir pour débuter ainsi tel quel
Ne tromper personne sans se berner pour autant

Voir les mauvaises gens augmenter en nombre
Examiner le regard de ceux qui changent d'avis
Changer son fusil d'épaule assis sur la terre fraîche
Ne pas être pris au dépourvu lors des questionnements
Attraper au vol des phrases et s'ouvrir à tout vent
Avoir beaucoup de doigté les uns d'un côté les autres partout
S'acquitter de gestes de désapprobation prudemment
Châtier les mains vides et attendre pire

Dire dans la geôle attendre l'aveu et entendre la confidence
Se vanter d'être celui qui est témoin et complice
Dire être sa conscience et lire son inconscience
Insinuer l'emprunter et inscrire son empreinte
Ne voir que lui quand on le prend au moins pour

ce qu'il est
Se poser là mince et beau chargé de toutes les qualités
Souligner les yeux et marquer la bouche improvisée
Faire un grimage des grimaces à la première moue
Accentuer le charme qui s'efface et rallumer l'éclat qui s'éteint
Surligner la bonne séduction et aiguiser les convenances
Se rendre moins lisible par le maquillage puisque la détresse sert
Imaginer que la boue farde au mieux l'apparence
Inventer tout en soi et exiger que la lumière se fasse
Se dérober et se déguiser alors pour ne pas être nommé
Avoir plusieurs soi-même qui font encore illusion à l'amnésie
Mettre en avant un sosie ni vu ni connu puis l'enrouler dans une couverture

Remplacer aisément un anonyme par un pseudonyme décidé
Savoir tirer parti d'un sobriquet et le presser comme une orange

Réserver à son double les pires accusations les maladies féroces et variées les drames majeurs et la crainte des châtiments
Profiter d'un peu de soleil et lui faire porter la croix ou des rêves dorés
Le nommer à voix haute et jouer double jeu dans le prolongement du nom
Se nommer vrai ou faux doublé d'un saint-patron à l'imposture d'un léger souffle
Chercher le commun dénominateur entre la copie qui se veut conforme au faux et ce qui se veut unique et vrai
Condenser un ensemble de faits soufflés ou d'affabulations sifflées
Se jouer des tours pendables à l'ordinaire des jours
Devenir le jouet d'événements romanesques et de pièges tendus

Aller au-devant tout d'abord de la peau éclaircie de la voix épaissie
Reprendre souffle et prendre soin des commentaires rêveurs
Succomber à l'ambition de la chronologie raisonnable
Affirmer avoir rencontré le pseudonyme dans les coins de la bouche ronde

Altérer ce qui fait dire son nom quand la mémoire est refonte
Lui accorder de parler un langage plus persuasif que celui d'un nom
Concevoir ses paroles prononcées comme les plus utiles
Laisser-faire sans craindre de dire ceci de dire cela qui sait quoi autour
Cultiver les associations d'idées qui multiplient tous les noms possibles
Risquer alors un autre nom plus fort que l'image du premier
Adapter une prothèse ceint de cette idée et de sa saveur les mains attachées
Partir d'un nom recherché et voir revenir un nouveau nom du même coup
Se croire sauvé tourner le dos et se laver les mains des crachats
Improviser des gestes précisément comme essuyer une larme à force
Constater que le leurre fonctionne comme offrir les mains et le pain bien en vue

Avoir toujours bonne conscience l'indifférence présidant à tout
Livrer au réel un pari sur l'inconnu à son corps défendant

Montrer aux regards le bel indifférent et le cacher dans des vêtements à décrire
Le laisser passer devant soi pour les embuscades et se frayer un chemin sans encombre
Le sentir ainsi que l'odeur de l'herbe coupée au voisinage immédiat
Préférer l'idée qu'on se fait de lui et faire des choix en bon père de famille
Le croire doué d'un pouvoir consolant et imaginer ainsi des répits avec le corps d'un autre
Eriger l'homologue en lointain à demi effacé au bout d'un tunnel
Nier l'ombre d'un pseudonyme ou la trace montrée d'un double
Renier à la suite le nom tout autant et les lamentations d'une entente
Utiliser la copie copiée le pseudonyme anonymisé et le nom nommé

Regarder l'origine de l'ombre et jeter sur tout ce qui entoure un regard suspicieux de biais
Prendre conscience finalement de la réalité dans laquelle être choisi
Ne pas craindre d'être exagéré et renégocier les parties de sa vie
Imaginer le pseudonyme de qui n'aurait jamais existé et épier son sosie

Être le maître d'un sosie et le dire pour s'en sortir aux yeux de tous
Porter un autre visage et grimer le nom qui jamais été cru
Devenir un homme de paille suspect valant ce que valent les vents mous
Ne pas dévoiler le nom du pseudonyme avant que lui-même ne soit soufflé
Laisser planer un doute au sujet de l'existence d'un autre à l'apparence identique
Utiliser chacun pour soi le nom et le pseudonyme comme feu et fumée

Se voir de dos sur les photos et être bien plus pâle qu'en réalité
Donner un faux nom à qui le demande quand le pseudonyme est sous-entendu
Pleurer des larmes de crocodile et faire chair avec l'indifférence
Faire corps avec l'anonymat pour aller plus vite du même coup
Utiliser les mêmes mots de passe sans un écart au bout des rameaux
Singer sa présence et mal faire la mort en réalité
Jouer sur du velours et ne pas être assez sourcilleux
Attendre le passage à l'acte violent de son pseu-

donyme comme preuve
Voler enfin au secours du nom et se refaire une santé avant tout
S'aligner sur le contenu et sur l'objet de la réprobation
S'emparer de la propension à l'infamie en sourdine
Être fait de nuages blancs et de pluies fines
Ne pas être celui-là et être le contraire des visages possibles
Être charnière et assurer le bon déroulement de la mémoire
Transformer les souvenirs dont le nom ne se souvient pas
Modifier le passé quêté par rejet des blessures
Se protéger ainsi du *je* comme chance et rendre la voix

Sortir de l'anonymat pour désavouer publiquement le pseudonyme en personne
Réfuter qu'au-delà des ébauches d'apparences la démence dédouble
Condamner le pseudonyme à l'anonymat dans lequel il se réfugie alors volontiers
Lancer aux juges un pseudonyme sans nom sans prénom d'où seul subsiste le mot anonyme
Ne pas parvenir à avoir un sens clair pour soi et

ainsi se sacrifier à l'anonymat
Sortir de l'anonymat d'un coup et se retrouver surveillé aussitôt
S'abandonner ou renoncer à s'identifier en tant qu'entité séparée
Imaginer ainsi une vie dans une grotte ou dans la solitude totale de la cabane
Vivre et exister seulement pour être capable de répondre lors d'un appel du nom
Souffrir de mouvements contrecarrés et être ramené à un exercice de pénitence
Être vrai quand souffrir donne ce droit et alors sentir les battements du cœur

Eviter de se plaindre ou même de se complaire de ce que le pseudonyme du diable s'ajoute à la phrase
Se détourner d'un mot pour qu'il explose comme le fait d'exister ou le feu de vivre
Chercher un sauf-conduit qui soit bien plus qu'un nom et admettre que tout ce qui ne relève pas de lui est peu crédible
Être toujours entre des mains telles celles du pendu desséché misent à la saumure pour servir de talisman
Se retrouver dans la gueule du loup et joindre les deux bouts entre identités et embuscades

Être las lorsque sur les épaules s'abat une pesanteur qui s'empare du dos

Choisir une figure sans limite à l'écho sans contour ni lointain
Se comparer à une croix dans un labyrinthe au milieu d'un champ
Nommer sa propre geôle de mémoire et faire cercle autour du sort
Entendre son nom raisonner sur un mur et percevoir alors l'avenir comme impasse
Avoir le cœur gros et ne pas plaindre sa peine ou craindre sa peur
Perdre de vue le passé et couvrir ses yeux de nuages plus loin
Tourner en rond aux quatre coins prévisibles de la fuite affolée
Justifier quantité de choses élucidées à oublier bien vite

Faire le tour de son pseudonyme en ricanant sans se le mettre à dos
Donner les directives attendues et être capable de répondre lors d'un appel du nom
Diminuer chaque jour pris au piège alors qu'il grandit guidé avec soin

Tenir tête au nom pour le sauver et le mimer avec ses propres gestes
L'inscrire dans la pierre et en faire une statue des pieds à la tête couverte de lierre
Pétrifier le pseudonyme la tête haute et inscrire cela dans le marbre même

Le suicider un jour tandis qu'il reste au chevet comme garde-fou
Souffler sur celui qui bouge encore dans la mémoire quand le mal tenaille
Siffler et chasser l'air sans admiration ne calme pas nécessairement
Alléger considérablement le nom avec la mort et ses miasmes
Utiliser un pseudonyme même souvent vert-de-gris évite de renvoyer au néant
Servir de point d'orgue à la vie juché comme un bossu dans la lumière
Payer de sa personne et s'habituer au bras de fer avec le nom fatidique
Savoir tout à fait mentir sans lui avec émois et désirs
Ressentir une certaine porosité pour permettre cela et justifier le goutte-à-goutte
Sembler sauter dans le vide mais préférer couler doucement

Reposer sur la terre battue et accepter de chanter
à l'ombre d'un sycomore
Tendre la gorge en avant et perdre les bois de vue
Mettre un terme à l'obsession de ce que pourrait
faire un autre
Revenir à sa forme première et écraser l'en-
chérissement sous le poids
Que dire au signal qui ne soit plus minuscule que
les palabres
Préférer couper court et s'enterrer seul
Aller mieux ensuite sans rien devoir à personne

Malaxer les cœurs rencontrés souvent rancuniers
Juger les regards croisés les mains dans les poches
Renverser en plein soleil les corps et se peupler d'idées
Se décider à bannir les mauvaises pensées et se confier à n'importe quel fantôme
Offrir des sourires souples à la convenance des bonnes œuvres
Eprouver la sempiternelle sensation d'inutilité
Être honteux de se faire remarquer après de longues réflexions
Décliner les invitations successives élégantes ou non
Entretenir la conversation à la bouche à la gorge
Penser de manière claire la somme des lests qui empestent
Tromper l'ennui les jours de mauvais instincts
S'obstiner à l'hermétisme de l'indifférence
Avoir du mal à expliquer alors entasser pour plus tard
Se reconstruire une conduite par goût du leurre

S'assoupir au cœur de la mémoire les jours mauvais

Jouer peur et mémoire confondues sur la ligne blanche de la nuit
Se réveiller lors de l'oubli aux yeux du monde
Agir en son nom à pas découverts à l'écart des éclats du cœur
Tourner la page sans mémoire de l'avènement des souvenirs
S'agiter et franchir les bornes vues de dehors
Ouvrir le monde à nouveau et faire les choses en vrai
Conjurer la solitude avec la chaise aux cent arbres témoins
Résider dans l'ambiguïté l'inconfort et la fuite
Digérer l'homme de loi hors d'état en cours de route
Eviscérer une présence pour un vice de forme usuel
Être à l'affût d'une vue de l'esprit proche du remords
N'ajouter rien de façon directe sinon un reproche
Omettre le souffle chaud de la peur des figures inquiètes
Se contenter de vivre ça et de clore sa cellule
Sécuriser la serrure fixée par la ferrure lourde d'un loquet complice

Se tenir de nouveau entre poêle et ouverture

basse une grande partie de la journée
Attendre au printemps les odeurs vertes qui pénètrent les narines vouées au pire
Ne pas admettre que sorte de l'ombre le temps passé
Entendre dire qu'il n'y a personne lors de visites mais se faire remarquer derrière le rideau à la merci des plis
Craindre alors d'ouvrir les vantaux sinon en catimini le soir venu
Entrebâiller doucement les voilages tirés et entrouvrir les volets malicieusement
Ouvrir la porte à l'aveuglette et se méfier des témoins oculaires
Couvrir la nuit du grincement des gonds rouillés sous les dentelles comme obstacle
Se fatiguer du crissement répété de la girouette sur le toit
Soupirer au vent qui se lève dans les bouches dupliquées à l'infini
Compter les intervalles entre les paroles pour des présences intermittentes
Rester muet le temps d'un soupir et ne laisser entrer personne
Laisser se faufiler des regards inlassablement liés et chaque ombre au milieu des autres de façon identique

Prétendre s'excuser demander au moins pardon
Recoudre les choses quand chacune vient infirmer l'autre
Ne plus penser à sa mémoire et ce qui prête à confusion
Faire tomber une à une les barrières des images
Prendre toute entière la part de ce qui tient à un fil
Accepter les situations telles quelles et conclure une fiction
Avancer les évitements de verdict et récidiver sans compter
Egoutter le sang des yeux et clore la nuit d'un cri
Réunir l'ensemble du corps aimé et se planter devant
Ne plus se souvenir des bouches à émouvoir
Mesurer les paroles et crever l'abcès d'une absolution
Se ronger le cœur et songer à prendre part au cauchemar
Redécouvrir un souci de vérité sous un rideau épais
Colporter mieux ce qui est plus du cœur que des paroles
Chercher une autre façon définitive de dire et s'entendre rire

Ne rien trouver à manger mais ne laisser échapper aucun détail aux confins des lèvres
Mélanger les bruits et s'amuser d'une branche bien lavée
Repousser murailles et broussailles de la mémoire très muette en soi
Laisser apparaître le cœur aveugle et le dépeindre sous un jour favorable
Apprendre à se débrouiller à plat ventre et mordre l'herbe
Libérer son corps des paysages et s'accroupir près d'une niche en plâtre
Attacher de l'importance à inspirer confiance et bien dire son nom
Préférer attendre d'être proche de l'oubli et traverser la mémoire à l'aide de pièges
Durcir la langue opposée à l'habitude le ciel sur le front et l'eau sur le même chemin
Tuer le lapin d'une pierre jetée pour rien et divertir le vert
Traverser la cruauté à l'aide de remords feints et de bon sens
Faire porter au vent les échos déchirants et le laisser glisser à la lecture
Fuir l'acte dès l'origine et l'immensité immobile à l'œil nu
Prendre la clé des champs et rouler des pierres

sous les pas

Imaginer un aspect tragique bien entendu
S'étonner soi-même de contempler parcours et périls
Être pris de panique et reprendre la vie comme point d'appui
Se retrouver recroquevillé en entier et mendier
Demander n'importe quoi au soleil mordant cruel
Marchander les conditions d'un pardon peine-perdue
Voler un sentiment de plénitude pour la première fois
Avoir le goût du secret comme solitude première venue
S'amuser des lamentations apitoyées sur la paille
Jouer des malentendus d'un nom vulnérable à l'autre
Dialoguer comme par miracle avec les remords
Calculer les rêves heureux et rester sans parole
Présumer que secrets et aveux tendent à l'équilibre
Céder la place des pieds à la tête aux murmures faciles
Refuser les sollicitations à maintenir la vie par faveur

Hésiter un don contrarié par le fer rouge
Avaler autant d'idées décisives que de cris étouffés
Accepter le refus substitué au pardon comme unique bouée
Répugner ce qui survient et ce qui ne vaut rien
Freiner l'élan fou de rôdeurs implacables
Répugner les espaces balayés par le vent et l'émotion

Redevenir enfant reste une solution parmi d'autres
Faire semblant ni vu ni connu un peu pour du beurre
Vivre à l'envers pour réparer ses erreurs sans perdre la tête pour autant
Accompagner les fautes de lentes caresses familières
Evoquer l'enfance plein de redites et toiser les rabâchages
Osciller déjà entre nostalgie et espérance mélancolie et flatterie
Se composer une identité pour être objet d'attention
Pleurer perplexe ce qui est simplement pensé
Devenir irresponsable de ses actes et faire de la peine à ses propres larmes
Se dire enfant les joues rouges et percées coud les lèvres
Attendre qu'on nous prenne la main les bras ballants et sourire comme mentir

Faire preuve de bonne volonté et renaître moins vieux

Travailler son apprentissage et polir son adaptation
Câliner son acclimatation traîner salir casser et cracher à vau-l'eau
Admettre le besoin du déguisement de la parade du masque et de l'armure
Comprendre pourquoi on ne peut être sincère que maladroitement
Entendre la raison pour laquelle cette candeur développe un jour le mensonge
Intégrer les histoires racontées qui n'ont rien à voir avec les rêves
Deviner les tours de passe-passe comme monnaie courante
Remarquer que les échos enfantins parviennent déformés sans doute ni crainte
Constater que les enfantillages un jour rejoignent les cendres du poêle

Prendre le temps de se refaire et y travailler de prime abord
Développer une seconde nature bien élevée ferme et définitive
Être bien dans sa peau et présenter ainsi une courte biographie
Se servir de cette béquille comme prothèse et orthèse de collyre même

Traîner dans les bois en balayant les fausses manœuvres
Se voir construire une cabane de branches puis bâtie de tronc de bois
Comprendre l'art de la construction fragile des repères secrets
Tenter de déplacer des cailloux plus lourds que tout
Grapiller en chemin les cerises du panier et perdre le couteau
N'effrayer personnes les mains jointes et ne risquer que des calottes
Ramasser dans la cour des feuilles mortes qui s'éparpillent
Disperser feuilles de marronnier de platane de tilleul en raclant sur le sol les deux pieds
Ne pas redouter la dispersion et être déjà dans les souvenirs d'un petit soldat
Terminer le jeu quand personne ne peut plus dire que ce n'est pas vrai
En supposer les règles tumultueuses faute de mode d'emploi
Ne pas être partial et jouer deux fois les histoires de manière différente

Changer la vie pour toute la journée avec une histoire à raconter le soir

Décrocher du portemanteaux les têtes de monstres et ne pas les raccroche
Pleurer les images sensiblement vécues sans une substitution voulue
Jouer à l'homme invisible et le bousculer comme il serait fait d'un fantôme
Rire de rien avec son squelette et y arriver très bien
Ne pas regretter les jeux tellement cruels quand l'envie glisse
Pouvoir faire une enfance d'un simple rêve plus d'autres encore
Pouvoir faire une vie avec recette et ficelle d'un mensonge plus un autre mensonge
Jouer avec les erreurs de la vérité jusqu'à perdre la règle ou le file ou le dénouement
Se méfier des énoncés complexes comme de grandes manœuvres
Ecouter les puissances invisibles qui disent de casser et meurtrir pour conjurer les peurs

Dormir sur cette idée animée et usurper le rêve
Être conforté du cri d'une chouette sous la couette
Faire de l'enfance un prétexte une tache d'huile
Romancer un peu le côté adulte de l'enfant l'œil mouillé

Ajouter des couleurs sur les solitudes et choisir l'adulte en devenir
Ne laisser dominer aucune ombre ni parole en l'air
Ne pas avoir d'amour-propre simplement une ombre qui se ratatine
Achever les châteaux inventés dans un torrent de boue
Suivre la vipère et sa volonté d'effacement entre lierres et bruyères
Survivre à marche forcée quand le soleil chauffe les pierres
Laisser tomber dans les tiroirs des jacasseries et des peurs paniques
Fuir les chamailleries et les querelles entachées de sang

Jouer serré la dernière partie et connaître le frisson de la rémission
Goûter l'accalmie et le réconfort aux quatre coins des marges
Ne pas tomber dans la facilité mais faire le mort
Retoucher les doigts de l'imposteur et rassembler les yeux de l'usurpateur
Se défigurer à l'épreuve de la vérité poursuivie
S'effacer et haleter quand une silhouette en culotte se perd

Renouer le corps au réel sans l'entrave de l'âme
et se faire oublier au milieu des herbes
S'occuper utilement et endormir son cerveau un
jour
Se retenir d'avouer et de s'évertuer à faire croire
Ne pas s'inquiéter de savoir ce qu'on en pense
Soupeser les familiarités et aspirer le souvenir
Réaccueillir des information ou les fabriquer au
mieux
Contrôler la réflexion et inoculer la mélancolie
Savoir se placer ou se retirer instinctivement
Se préserver de la superstition et exagérer les
appréhensions
Apparaître nu et questionner ceux qui se mettent
à rire
Savoir ou non si la tache sur le tissu est du sang
Replacer les vêtements du bout des doigts
Laisser tranquilles les mains et se réparer comme
ça

Manigancer autour du destin le point de bascule
et jouer l'errant
Filer parfois trop lisse ou trop fluide alors griffer
les paroles

Créer des silences à l'intérieur même des failles et redonner souffle
Chercher la coupure à l'oreille et l'accroc qui force l'œil
Retenir que le lien entre la mémoire et les souvenirs se fait mal
Battre en retraite vers le premier abri gardé au vert
Être recueilli l'esprit public sur le qui-vive
Arborer un regard fugitif aux yeux des enfants
S'arrêter brusquement sur la terre dure comme un intrus
Se féliciter de ne pas l'être mais peine perdue
Ne prêter aucune attention particulière aux vagabondages
Être empêché de situer un chemin et prendre du recul
Obtenir la permission de rester ici comme la parenté réfugiée
Remercier pour ce que cela vaut comme souvenir
Fréquenter dorénavant une pitié digne de ce nom
Manifester de la confiance et de la gratitude
Passer de l'autre côté avec autrui et vivre à l'envers
Manquer de rien hors d'atteinte comme le miracle
Formuler un vœu d'une manière aimable et

douce sinon amère et rusée
Parler des misères pour s'en sortir et des lynchages insinués
Déguiser des moments malmenés et humiliés pour la forme
Soigner son portrait en proie aux arrière-pensées
Se débarrasser de soi la combustion encore aux talons
Se pavaner d'une existence bénigne retrouvée
Dérouter les habitudes et divaguer autant que possible
Paraître étrange ou incompréhensible autant qu'il semble
Jouer la comédie larmoyante et pleurnicher sur un soit commun

Converser avec ce qui se voit ce qui est vu comme coupable et fautif
Désespérer l'accueil et les horizons affectifs
Evoquer le dérèglement de l'imagination en attente de saisissement
Faire le ménage et contenir les digressions au gré des promenades
Accepter les traitements comme des chemins d'eau
Se corriger de bains chauds et froids et tirer des leçons

Perdre contenance comme un chien tête baissée
Mutiler les mains la bouche encore humide de la bonne conduite
Ne pas avoir le droit de tout dire et se rétracter une dernière fois
Ne plus être appelé à tenter la confidence et y mettre fin
Se contenter de cette condition quant à la résistance
Accélérer les préparatifs du repas de viande avec difficulté
Soumettre une autre proposition à l'injonction de se chausser
S'offrir avec humilité à l'action des restrictions
Ressentir le besoin de décevoir sa propre histoire
Subir une lumière qui décide de tout et ne pas savoir quel va être le dernier mot
Parvenir à se faire entendre et s'attarder ainsi

Se réveiller quand le jour se lève continuellement et en revenir au point de départ
Ne plus vouloir reculer pour mieux avancer et penser que tout ira bien sans être cru
Penser le déraisonnable de manière moins cru et se faire prêter une fin qui ne dit rien du grand départ
Chercher ses propres moyens et abandonner le

dernier mot sans pouvoir se corriger
Atténuer le désagréable du présent par bonds ce qui fait rire à s'en trouver mal
Posséder le passé et achever le présent avec la même similitude du toucher et du goût
Oser se plaindre à nouveau et laisser dire les yeux traîtres et tristes

Traîner derrière les vitres fidèles aux remords
Se voir amaigri dans un miroir de dos et en atténuer les effets
Retourner de la main la figure du miroir et rajuster ses habits
Sanctionner le dépenaillé au service de l'imagination
L'imagination lèche âtre et suie émaciée par la faim
Découvrir les paradis et les insomnies craintives
Dormir dans une cellule bouche bée les yeux rougis
Rester en suspens entre intimité humilité et simplicité
Attendre son tour en file serrée et se ranger à l'ombre
Chercher la gravité à réciter à genoux sur le sol terreux
Accepter la main qui sortit de l'ombre vient

prendre ce qu'elle souhaite
Attendre d'être remis sur pied et disperser au vent jérémiades par poignées
S'emparer des contradictions accessoires et des conjurations secondaires
Interpréter les racontars médisants et les désaccords culs-de-sac
Prendre part aux implorations pour de petits bonheurs
Faire le deuil des vies passées omniprésentes et obsessionnelles
Entreprendre de prononcer des élégies et psalmodier des litanies
Revoir les situations perçues avec des chants des poèmes

Pousser le cri qui éloigne le démon vers le dehors
S'aplatir sur la paillasse et dégonfler le tragique de l'imagination
Accepter le médicament et sortir d'un mauvais pas
Consigner le soin reçu autant que la parole prodiguée
Avoir le pouvoir de neutraliser le soporifique
Accueillir ce double qui s'amuse dans la vitre
Le guider et l'aider à franchir les détritus habituels

Supporter la privation et nouer au cou des lanières de cuir
S'humilier à l'eau sale et claquer des dents
Souffleter des doigts et donner des coups de bâton dans l'eau
Déchirer ses vêtements couverts de crachats
Assumer les compassions et échauder la mémoire comme une flèche
Surenchérir d'offrandes les incarnations pour un pardon recherché
Donner la réplique à chaque bénédiction sur fond de bravo
S'orienter au vent et estomper la parole d'un doigt assuré sur la bouche
Se surveiller du coin de l'œil se suivre et se poursuivre autant
Mettre un terme attendu au travestissement de la réalité
Perdre la main sur une fin perçue fébrile
Se laisser emporter par de vulnérables émotions
Chercher le point de bascule et accepter le coup de grâce
Ne plus tenir à distance la tentation d'une confession
Accepter les intercessions une main ferme sur la nuque

S'entendre dire les bons mots prononcés du bout des lèvres
Signaler en vain une somme d'esprits malins au bout du couloir
Courir le risque alors de quitter les lieux

Ne pas croire un mot de tout cela le pardon encore chaud
Accéder au paradis entraîné sur une pente naturelle
Accomplir son chemin à genoux de bas en haut
Découvrir malaise et gêne du joug sans ralentir le rythme
Faire demi-tour telle girouette portée par les forces du vent
Vaciller telle toupie prise en charge par les ressorts de l'action
Tomber de côté au plus fort de l'attente inlassable
Parvenir à se faire entendre le temps nécessaire
Incommoder sur la pointe des pieds comme sujet dérisoire
Déambuler au pied de la lettre même et chuter pour ce genre
Persévérer à marche forcée dès l'aube l'aventure
Se déjuger un jour des preuves et des risques encourus
Renoncer amer à attirer les parfums et les paroles
Traîner des bois derrière soi comme épreuve consentie
Délaisser le passé grâce à l'oubli et mieux abdiquer ainsi

Louer le présent en raison de l'oubli et faire suivre
Ne plus être très jeune et improviser dans le même temps quand l'ennui suit
Renoncer modeste et respirer quand même régulièrement
S'assurer de son nom dans le miroir sans faire de manière
Perdre sa vésicule comme l'ombre de soi-même
Ecouter bégayer les âmes qui vivent en périphérie
Décliner les incitations entêtantes et jouer de la pelle contre la proximité
Ressentir les battements du cœur raisonnablement
Se faire une idée juste de ce qui peut triompher du plaisir
Plaider en faveur de la prestance et ne pas être dupe du reste du paradis perdu
Faire des manières avant d'abandonner et se soumettre à l'endroit
Se proposer de partir et laisser le face à face derrière soi
Se retrouver pris sur sa chaise sans l'avoir réellement chercher

Verrouiller la porte et brûler les témoignages

Entendre une protestation quelque part sous les pieds
Placer les dénonciations loin de l'auvent que la pluie rature
Se servir du néant pour fuir les déconvenues
Subir l'insulte de bon cœur et curer le supplice
Oublier les assauts du monde familier et s'affranchir
Faire preuve de courage pour amasser le miel de l'avenir
Refuser les intentions neuves qui se méfient de l'éternité
Préférer la lumière qui renvoie l'obscurité à l'ombre
Entrer en relation avec chaque couche de l'identité
Rechercher l'accord adulé des foules et ouvrir l'émotion
S'émerveiller du tourbillon de sucreries et des nuées joyeuses
Se savoir saint et sauf pour l'essentiel et comme bienvenu
Ne pas consentir à subir le mal jusqu'au bout
Voir jaillir le sang avec aversion et régler la question furtivement
Renouer avide avec la vie et trahir le mal beaucoup plus tard
Décourager le démon qui ronge à heure pile la

mémoire
Déambuler dans les couloirs et chanter à mi-voix le paradis d'abord
Sortir de l'angle mort du tiroir une romance heureuse
Accepter la fin par défaut et amenuiser le pas

Retrouver la maison ses séraphins et ses papillons fragiles
Pointer l'étable et ses squelettes garde-fous
Mentionner mieux l'asile et son rituel feu de paille
Agiter l'idée brusque de paradis et lancer des coussins brodés
Humer l'odeur de salpêtre plus discrète et le moisi mué en baume
Occuper une situation privilégiée et trouver motif à danser sous le ciel étoilé
Démentir les grognements de la bête et les effets néfastes de la tentation
Sentir battre le cœur contre la peau des poignets marqués
Grandir les ombres sur le mur et s'envelopper d'éclats d'étoiles
Estomper la pagaille de nouvelles pièces agrandies
Ne pas se laisser asservir par la rancœur et garder

la tête froide
Boire à la fontaine aux mille fleurs de la candeur
Avoir sa place près des dauphins des zèbres et des antilopes
Devenir exemplaire dans cet état intermédiaire
Lancer dès l'instant le bras de fer habituel
Trouver un nouveau filon pour une raison de plaire
Ajuster un collier de pierres précieuses à l'esprit en paix
Rêver tout haut de roucoulades dansées sous les enluminures
Mettre en scène pétales et paons cerises et citron
Capter l'encens entêté et réciter le ralliement consenti
Lever tous les obstacles le temps d'un éclair
Faire en sorte de peaufiner ses preuves sous un plafond de verre
Garder les yeux ovales sur l'arc-en-ciel
Accepter les offrandes du septième pêché
Harceler les fictions des fourmis dans les jambes
Différer le lâcher prise des défaillances
Tabler néanmoins sur la transgression à terme
Moquer les concessions affectives comme avertissement
Prévoir l'avenir caduc et en tirer des conclusions

Plonger dans la gueule du loup la tête hors de l'ombre

Arracher les nœuds de fougères qui se laissent démêler
Baisser la tête sur la sagesse et ouvrir les yeux sur la raillerie
Percevoir du ciel l'harmonie d'arabesques complexes
Rallier un enclos de planches clouées sur l'œil du soleil
Ne toucher à rien des feuilles qui entre deux souffles défient la ronce
Pousser son cri à l'épine ressentie et cautériser la gratitude
Projeter du sang grenat sur les guirlandes de roses

Parler seul derrière la vitre comme planche de salut
Ajuster l'horizon parfaitement poli sans comparaison
Nommer le vide et porter les gestes trop lourds
Nommer paradis ce qui s'ouvre sous la main quand le déboulé du vent joue dans les boyaux
Tenir le vide comme possession
Rêver chaque os comme une graine
Offrir de beaux yeux bleus à l'infatigable

mémoire
Offrir de sombres yeux au souvenir fatigué
Se décider à céder une part de soi passive malgré tout
Recouvrir d'un drap le ventre évidé et les mets atteignables
Renommer os et cendres et dire qu'ils suffisent
Disposer à souffrir la peau douloureuse si près du regard
Plaider la chaire et le couteau qui l'atteint
Jurer par-ci par-là et rencontrer les deux
Présenter son échine aux fatales limites et passer outre
Atteindre un point mort quand la main blesse en silence
Choir ainsi et se consoler en définitive sans bonheur ni souffrance

Quitter un campement passif et ne pas renoncer au meilleur pour autant
Glisser un pas en arrière et ouvrir la médication
Racler le comprimé de la langue en vue de trouver des preuves
Rester dans l'ombre pour avaler avec vue sur le miroir comme témoin oculaire
Arracher le mode d'emploi inemployable et raisonnablement impossible à replier
Se regonfler à l'aide-mémoire combiné au comprimé par voie orale
Prendre conscience que fermer les yeux sur le rêve efface l'obscure
Adopter une conduite adaptée et se réconcilier avec l'avis général
Reprendre le fil et tendre à un futur pour le moins fuyard
Reprendre le fil comme une main encordée et accepter toujours la même fièvre
Préciser les choses comme un grand élancement
Parcourir la route en sens inverse et s'éloigner au soulagement de tous
Récupérer tout en chemin et ne rien changer de tout ça désormais

Poursuivre un glas sourd comme un souterrain séparé des lumières
Décrire alors le ciel comme crépusculaire mais ne pas être marqué par la peur ou l'émotion
Avoir offert certaines confidences pénibles imbriquées de façon différente
Discerner mieux pour quelle raison ne pas se donner ainsi ni le jour ni la nuit
Accepter de ne plus être vu et réintégrer au mieux le corps témoin
Effacer son empreinte et prendre congé d'une salle d'attente
Rompre avec tout ça et tirer les rideaux ici ou là
Reprendre le quotidien et enraciner les strates suivantes
Confirmer les événements enchaînés aux malentendus
Être contraint par l'alarme de retomber juste

Ne pas être aussi heureux que voulu
Ne vouloir en dire davantage et aller son chemin
S'engager par les sentes noires et en venir à l'ivresse
Interpréter les sourires et tenir ses distances
Donner des directions différentes aux vilaines rumeurs
Se tenir bien loin de ce qui est dit et maintenir

un congé
Grimacer un dégoût comme il se doit et se souiller seul
Exclure le sentiment de sympathie sans accabler le lugubre
Noircir les propos à plaisir et contracter le cœur
Adapter les coïncidences de la vie une vie de dénégation
Ne rien faire à personne et prendre connaissance de soi-même
Se soumettre passivement aux serrements de la mélancolie
Accumuler la mélancolie effacer l'affection
Accoutumer la monotonie apprécier le péché
Accepter la précieuse durée intérieure et anéantir l'univers
S'amenuiser au monde à pas de sioux et provoquer la pâle estime
Dissiper tout et ne rien garder à quoi bon
Présenter l'un et l'autre ciel et soleil
Pressurer ce qui reste à vivre de son vivant et en chercher les effets
Démêler grêle et dégèle hors de soi
S'engager devant soi un jour et s'appeler dans le miroir
Regarder l'apparence et tout cacher dans les ombres de ce qui coule intrinsèquement
S'imputer des membres inexistants comme des

baguettes de noisetiers et découvrir des cheveux
Offrir les yeux le nez la bouche les lèvres la langue et un coup d'œil à la vallée
Se dénombrer comme les autres et s'emporter élégant
Chercher à en prévenir le style et se faire mieux comprendre
Tenir compte des sourires du sacré et des secrets du regard triste sans doute trop triste
Illuminer la montagne de grands feux et voir son ombre grandir à la souffrance des mains
Piquer une tête d'épingle et rêver à sa façon de belles-vues

Commencer par décrire l'usure un beau matin
Evoquer le léger au-delà et l'ombre à peine
Vivre quotidien et sentir chaque geste peser peu
Reprendre chaque mur comme maquillage
Laisser la poussière s'accoupler à l'infini dans la gorge
Habiter lourdement comme squelette à la cave
Dormir comme corps malade dégoûté du pourri
Faire abstraction de ce qui n'est pas bonne foi
Utiliser des pauses par moment et par endroit
Choisir et remplir sa mémoire de cailloux
Offrir les flancs et faire front en apparence

Se moquer des actes et des impressions ailleurs
Cacher le charnier sous la buée le doigt sur le détritus
Montrer le poing en guise d'avertissement

S'être présenté ainsi de manière ordinaire et disperser les cheveux un tant soit peu
Désirer obtenir plus et montrer ses biens complaisamment
Eclairer les jambes derrière le petit bois et préciser le coup de sifflet d'un ancien lieu éloigné
Manger du poisson fumé sans espérer avaler le lendemain la même chose
N'être pas accoutumé et jeter à la dérobée son amertume
Prendre pied dans le souvenir le ventre satisfait
Vivre des restes du festin d'autrui comme souvent
Porter de petits rires tant d'heures et se voûter
Vendre murs et peaux et se délester des traces sur les doigts par intérêt
Fuir pour masquer ce qui vide et la cohérence outrée des non-dits
Fuir pour que la mémoire se taise et nettoyer l'âme secrète des fumées
Fuir avec le souffle des animaux traqués

S'imposer un visage et mater le poumon de ses souffles
Cacher un nom et s'affubler de couches désirées
Louer un pseudonyme à faire jalouser l'ombre
Tenter l'anonymat qui reste soupçonnable et continuer de sévir pour séduire
Jeter le sort derrière les paroles modifiées et goûter aux regards apitoyés
Initier l'enfant mâcher le pain rouillé et se moucher de cendres
Recommencer l'innocence fictive sans culpabilité avant l'exténuation
Eviter de causer sa perte en gage d'actions commises et doser ses intentions
Se refermer sur l'infinitif immédiat de la mémoire et se retrouver inconnu
S'encabaner dans le bois à os et harasser les suiveur
Se conformer à l'image du sage et retourner à un état concis
Faire la sourde oreille plusieurs fois au dégoût de l'expérience

Reprendre le fil et sentir combien il coupe bien qu'engourdi
Tailler la chair imaginée et vouloir mordre encore

Faciliter un arrière-goût de déjà vu l'air répété au nez
Disperser les anecdotes en définitive et se multiplier ainsi
Choisir un ultime geste bien inutile à la fin

TABLE

LECTURES

Maxime Venet

Emmanuel Murat

Camille Laurin

Paradis gigogne : Une Théologie Inversée

Maxime Venet

Il est des textes qui, par leur simple titre, annoncent un titillement des récits fondateurs. *Paradis gigogne* est de ceux-là. Là où la tradition judéo-chrétienne, de la Genèse à la *Divine Comédie*, propose un cheminement vers la lumière, ce texte nous propose une théologie inversée, où le salut n'est pas une élévation mais une chute assumée, où la rédemption n'est pas une grâce mais un épuisement lucide, et où le paradis n'est pas un lieu de plénitude mais un gouffre que l'on nomme par ironie : « Se sentir périssable à point pour goûter l'enchantement du monde », « Se méfier des sentiments parcourus trop rapidement et embaumer prudemment l'idée d'or », ou par désespoir.

L'ouvrage se présente sous la forme de 18 tableaux. Ce chiffre détient une forte symbolique dans plusieurs domaines de la spiritualité. Il est souvent considéré comme un nombre de transformation intérieure profonde, d'intuition, d'éveil spirituel et de renouveau ; sa réduction théosophique (1+8) étant 9, le chiffre de l'achèvement et de la sagesse. Pour le judaïsme, ce nombre représente la « Vie », car le mot hébreu *Chai* (חי) possède une valeur numérique de 18 en Guématrie.

Le texte utilise cette structure symbolique comme un testament de la damnation moderne, déconstruisant les grandes architectures du salut héritées de la tradition chrétienne, notamment le modèle dantesque. Par son titre même, qui superpose l'idée de béatitude (Paradis) à celle d'emboîtement et d'illusion (gigogne), le texte annonce cette théologie inversée : le salut n'est pas une élévation transcendante, mais une quête intériorisée, sans cesse remise en question par la matérialité de l'existence. La mise en scène s'apparente davantage à une théologie de la damnation qu'à celle de la consolation. Le vocabulaire traditionnel chrétien (damnation, remords, pardon, salut) est constamment maintenu à distance des dogmes explicites. Les références religieuses, comme l'image de la Vierge Noire, sont juxtaposées à des scènes domestiques ou exotiques, les privant de leur charge symbolique traditionnelle pour les réancrer dans une humanité concrète. Le lexique religieux ne stabilise donc jamais une instance divine identifiable. Dieu se présente comme une absence structurante, un silence auquel on parle sans jamais recevoir de réponse. Ce retrait du divin évoque ce que Jean-Luc Marion nomme le « Dieu sans l'être », un Dieu qui sature la conscience par son absence même et qui oblige l'homme à se confronter au « vide » de l'idole. Le pardon lui-même est un mirage, le narrateur se contentant du « refus substitué au pardon » et finissant par juger l'indulgence inutile.

La Condamnation du Pénitent

La figure centrale est celle de celui qui choisit l'ascèse et le repentir comme moteur, se donnant pour consigne d'« envisager pour la suite le remords comme exemple ». Dès l'incipit, comprendre un beau jour qu'il n'arrive « rien de bien rien de mal » revient à annuler la scène classique du Jugement : il n'y a plus de loi divine qui tranche entre le bien et le mal, seulement une conscience condamnée à vivre les conséquences de ce qu'elle a fait sans pouvoir en attendre ni absolution ni sanction extérieures. L'enfer, ici, n'est pas un lieu posthume mais l'état même du sujet après la transgression, un enfer psychique qui se confond avec l'ordinaire des jours et dont il ne sort jamais vraiment.

Dans cette perspective, la théologie du livre rejoint Dante tout en le renversant : comme dans la *Divine Comédie*, le corps porte la trace de la faute, mais le *contrapasso* ne vient plus de Dieu ; il vient de la mémoire qui rumine, de la langue qui répète, du geste qui recommence. Le narrateur, au lieu de traverser les cercles de l'Enfer pour en ressortir purifié, s'enfonce dans une spirale sans fin, où chaque tentative de fuite ou de réinvention (fuir, les pseudonymes, la cabane, l'enfance simulée) ne fait que reporter l'affrontement avec sa culpabilité.

Cette impossibilité de la rédemption est peut-être ce qui rapproche le plus *Paradis gigogne* des écrits gnostiques, où le monde est une prison dirigée par un démiurge malveillant, et où le salut ne peut venir que d'une connaissance (gnose) qui libère. Mais ici, la connaissance n'est pas libératrice : elle est condamnation. « Travailler pour si peu que la fatigue devienne prière » : la lucidité n'est pas une lumière, mais un fardeau, et la prière n'est qu'un souffle épuisé. Cette fatigue érigée en prière évoque la pensée de Simone Weil, pour qui le malheur et l'épuisement sont les seuls chemins vers une attention dénuée de moi. Là où Dante décrit un cheminement ascendant, de peine en peine, vers une purification réelle, le texte enferme son narrateur dans le mouvement circulaire : « Partir de quelque part et revenir au point de départ au seuil » résume cette condamnation à la répétition. La punition n'est plus infligée de l'extérieur, elle est la forme même de la conscience, tenue de « goûter la nuit amère des anciennes vies et le vin du repentir » sans jamais en finir. Le remords est avalé comme une hostie inversée, boisson amère plutôt que vin eucharistique, qui ne cesse de se représenter à la bouche et ne purifie jamais : la liturgie est toujours recommencée, mais la grâce ne vient pas.

Le « Paradis gigogne » comme Artifice Fragile

Le titre du livre condense cette démystification de la grâce. Un paradis gigogne n'est pas un Paradis traditionnel, un séjour de plénitude éternelle, mais une succession de coquilles protectrices – cabane, pseudonyme, enfance revisitée, travail, rêverie amoureuse – que le sujet emboîte pour différer l'affrontement avec sa propre histoire. Chaque refuge offre l'illusion d'un salut partiel, mais chacun contient, à son tour, une version plus âpre de la vérité : la cabane retrouve la rumeur de la faute, l'enfance reconstituée ne livre qu'une « innocence fictive », et même la tentative de « se rattraper au paradis et se survivre ailleurs une caisse renversée pour siège » réduit le ciel à une survie rustique, bancale, sans autre transcendance qu'un peu de lumière et un siège de fortune. Le salut, dans cette perspective, n'est plus un don divin, mais un artifice fragile que le moi construit de couche en couche, jusqu'à l'« exténuation » qui signe la fin de la manœuvre.

La figure centrale de cette économie spirituelle est celle d'un être sans Église. Le narrateur se donne pour règle d'« envisager pour la suite le remords comme exemple », se condamne à un véritable « exercice de pénitence », adopte une « posture mortifiante d'apprentissage et de macération » et affirme vouloir « se démunir de ses péchés au fil des ans ». Il accepte les signes extérieurs de l'ascèse – fatigue, solitude, travaux harassants, retrait du monde – mais l'horizon n'est plus la réconciliation avec Dieu. On retrouve ici l'écho de la « religion sans religion » de Dietrich Bonhoeffer ou de son « christianisme non religieux », où l'homme doit vivre devant Dieu « comme si Dieu n'existait pas », assumant la pleine responsabilité de sa finitude. Ce n'est pas la grâce qui couronne l'effort, c'est l'auto-justification, le sentiment d'avoir fait « tout ce qu'il fallait », sans autre juge que soi-même. En ce sens, *Paradis gigogne* rejoint les analyses contemporaines d'une spiritualité sans institution : vocabulaire pénitentiel, mais absence de sacrement ; gestes de contrition, mais sans absolution reçue.

Liturgie Sécularisée et Théologie Négative

Le texte réinvestit néanmoins, avec insistance, l'imaginaire liturgique. Il est question de psalmodier des litanies, de prononcer des élégies, de « pousser ce cri qui éloigne le démon vers le dehors » et de donner la réplique à chaque bénédiction sur fond de bravos. La scène où le narrateur, amaigri, se voit dans un miroir de dos, dort dans une cellule bouche bée les yeux rougis, attend son tour en file serrée et accepte la main qui sort de l'ombre évoque un espace de cure ou d'enfermement, réinvesti d'une aura quasi monastique. On y marche à genoux de bas en haut, on accepte un médicament comme une hostie, on consigne le soin reçu autant que la parole prodiguée : l'hôpital ou l'asile devient un couvent sécularisé, et la psychiatrie remplace le confessionnal. Ce déplacement constitue un des nœuds théologiques les plus forts du livre : la forme pénitentielle subsiste, mais le Dieu qui l'animait s'est retiré, laissant place aux protocoles, aux diagnostics et aux pratiques de soin.

Le chapitre *Accéder au paradis* explicite cette théologie négative. L'accès n'est ni une montée mystique ni une vision béatifique : il est décrit comme une marche forcée à genoux de bas en haut, sous le malaise et la gêne du joug, ponctuée de chutes, de vacillements, de demi-tours, avant que ne s'impose la consigne de « délaisser le passé grâce à l'oubli et de louer le présent en raison de l'oubli ». Si le texte s'inscrit, ainsi, dans la lignée du Chemin de Croix (la litanie de la souffrance) et du repentir religieux (le « vin du repentir »), il les sécularise avant tout. Chaque infinitif est une station où le narrateur tombe, se relève, lutte, se juge, mais sans jamais atteindre la rédemption finale. C'est une progression vers l'épuisement (« l'exténuation »), non vers la lumière. Même lorsqu'un moment de répit laisse croire que le narrateur est « saint et sauf pour l'essentiel et comme bienvenu », cette impression est aussitôt démentie par le retour du démon qui « ronge heure pile la mémoire ». Ce « paradis » ressemble davantage à un sas d'effacement, une bureaucratie de la culpabilité, qu'à la vie éternelle des bienheureux.

Dans ce dispositif, Dieu n'apparaît jamais comme interlocuteur, mais comme une absence insistante. Le texte convoque les mots de « damnation », « paradis », « bénédiction », « démon », « ange », « séraphins », mais aucune instance divine stable ne s'y attache. On appelle la lune comme inaccessible aux conseils et aux soins, on craint le « je » de l'absolution, le « tu » de la substitution, on marchande les conditions d'un pardon à peine perdue, on se contente du « refus substitué au pardon » avant de juger l'indulgence inutile et de fondre sa conscience dans les jugements humains. La transcendance est réduite à un horizon muet ; la scène théologique devient purement intérieure, proche de la mystique négative quand elle insiste sur le silence de Dieu, mais privée de la confiance des mystiques : ici, le vide n'est pas le lieu de Dieu, il est le lieu de l'homme livré à lui-même.

Une Grâce Immanente

Cependant, quelques motifs de grâce subsistent,

minimes, presque clandestins : une théologie du minuscule ou de l'humilité radicale. La révélation s'opère dans la matière subtile, visible seulement en considérant « la vie et le frémissement de la lumière comme poussière levée et reconnaissable à l'œil nu ». Les éclats de grâce possible ne sont pas une rédemption totale, mais montrent qu'une forme de grâce immanente circule malgré tout, esquissant le salut à même les détails du quotidien. Ainsi la cueillette des fruits mûrs évoque le « paradis d'avant la fontaine d'Adam », les jeux de lumière sur le potager ou le labyrinthe de buis, les « séraphins et papillons fragiles retrouvés avec la maison », la « fontaine aux mille fleurs de la candeur », ou encore la modestie de « se rattraper au paradis et se survivre ailleurs, une caisse renversée pour siège » laissent percevoir un autre régime de salut.

Ce n'est plus le salut eschatologique, mais celui d'une grâce immanente qui circule dans le vent, le travail patient de la terre, le soin donné aux animaux, la perception de la « poussière levée et reconnaissable à l'œil nu » comme matière subtile. Cette immersion dans la chair du monde fait écho à la phénoménologie de la vie de Michel Henry, où le salut ne réside pas dans un objet extérieur, mais dans l'épreuve que la Vie fait d'elle-même dans sa propre souffrance et sa propre jouissance. On pourrait parler ici, avec Jean-Yves Lacoste, d'une spiritualité du « hors-monde » paradoxalement enracinée dans le monde : ce n'est pas Dieu qui se donne dans une vision, mais une qualité de présence qui transforme le banal en lieu de frémissement, comme chez certains mystiques apophatiques.

Le narrateur convient que l'idée du bonheur et du paradis n'est pas celle du quotidien appliqué et reconnaît que les promesses d'un ailleurs radieux ne se traduisent jamais en transformations tangibles de l'existence. Plus loin, l'évocation d'un « paradis d'avant la fontaine d'Adam », de vergers, de labyrinthe de buis et d'herbes bénéfiques semble tendre vers une relecture du jardin des origines. Mais là encore, le paradis est une image mêlée au travail, aux bêtes, aux saisons ; il ne s'oppose pas à la matérialité, il en constitue plutôt la version apaisée et fugitive.

Eschatologie et Résistance

L'excipit du livre propose alors une eschatologie à rebours. Après l'épisode de l'accès au paradis, le narrateur se retrouve dans un état neutre, décidant de « se consoler en définitive sans bonheur ni souffrance », comme un sujet sédaté dans un purgatoire sans horizon. Il reprend le fil, accepte de ne plus être vu, réintègre au mieux le « corps témoin », décide d'« habiter lourdement comme squelette à la cave et de cacher le charnier sous la buée », tout en continuant de fuir, de changer de nom, de louer des pseudonymes pour recommencer « l'innocence fictive sans culpabilité avant l'exténuation ». Le Jugement dernier n'a pas eu lieu ; à la place, une série de verdicts intérieurs, toujours révisables, condamnent le sujet à vivre avec ses restes. Nommer paradis ce qui s'ouvre sous la main quand le déboulé du vent joue dans les boyaux revient à reconnaître que l'unique au-delà accessible est celui que l'on fabrique dans sa propre chair et dans son propre langage, à force de lucidité.

De cette fusion de l'espace gigogne naît une vision du paradis où chaque promesse de lumière contient encore une poche d'ombre, et où l'homme, condamné à se débattre entre remords et survie, ne peut compter que sur des grâces brèves, dispersées dans la poussière du monde. Le texte se rapproche de la mystique négative (Maître Eckhart ou Saint Jean de la Croix) qui évoque une « nuit obscure » où l'on doit traverser toutes ses enveloppes pour atteindre le nu de l'être. Ici, cette traversée n'est pas une ascension intérieure mais un décapage. Le narrateur s'arrache à son nom, à son passé, à son identité même, comme si la voie vers un quelconque salut exigeait d'abord de n'être plus personne.

C'est bien dans l'acceptation de la chute que réside la grâce paradoxale du texte. Une chute qui devient une ascèse. Creuser devient une prière. Le silence de la ponctuation devient un équivalent de cette « suspension » dont parlait Grégoire de Nysse lorsqu'il décrivait l'avancée vers Dieu comme un mouvement sans fin. Sauf qu'ici, l'infini n'existe plus. Il ne reste qu'un mouvement, presque animal, porté par l'habitude d'avancer. La théologie n'est donc plus une doctrine : elle devient une manière de tenir debout. En cela, *Paradis gigogne* n'est pas un texte religieux, mais un texte qui parle le même langage que les grandes questions religieuses. Il demande ce qu'il reste à un être humain quand il n'a plus de justification, plus de repère vertical, plus de récit pour légitimer sa peine. Il répond par une forme de résistance nue, par une marche sans horizon, par un usage fragile du mot « paradis » comme on prononce un mot troué pour ne pas sombrer. Le livre rappelle à sa manière les récits où Dieu est précisément ce qui manque, et où le chemin survit malgré l'absence de destination. Ce n'est pas une théologie qui rassure. C'en est une qui constate. Et dans cette lucidité, paradoxalement, se trouve une forme de dignité « heureuse ».

Economie psychanalytique de l'impossible rédemption dans *Paradis gigogne*

Emmanuel Murat

Comme souvent, les textes radicaux se prêtent volontiers à une lecture psychanalytique. *Paradis gigogne* se prête remarquablement à ce type d'analyse, tant par sa structure que par son contenu. Au centre de l'imaginaire de ce livre se trouve une cartographie psychique d'une conscience traumatisée, où chaque mot, chaque image, chaque répétition révèle les mécanismes de défense d'un sujet en proie à une culpabilité innommable.

Cette œuvre apparaît ainsi comme la mise en forme littéraire d'un appareil psychique en lutte avec un noyau traumatique irreprésentable, où la faute originaire, la culpabilité persistante et les clivages identitaires composent la dynamique d'un sujet qui tente de se survivre en transformant son conflit intérieur en paysage, en gestes et en litanies. Cette configuration rappelle ce que Lacan développe dans le *Séminaire VII* sur *L'Ethique de la psychanalyse* : la faute n'est pas tant dans l'acte commis que dans le rapport du sujet à la Loi symbolique, dans cette « dette infinie » qui le constitue comme sujet parlant.

Au cœur du texte se trouve précisément cette faute jamais nommée. Les indices s'accumulent dans une prose qui évoque le « discours de l'analysant » décrit par Freud dans les *Études sur l'hystérie* : un récit lacunaire où les blancs en disent plus que les mots. « Dépecer brûler disperser puis s'épousseter convenablement » – cette séquence n'est pas sans rappeler les « protocoles » de Sade ou la « logique de la sensation » analysée par Deleuze dans *Francis Bacon*, où la violence devient procédure, où l'horreur est méthodiquement organisée. Mais ici, l'organisation même de la violence témoigne d'un mécanisme que Freud nomme « l'isolation » dans *Inhibition, symptôme et angoisse* : la séparation de l'affect et de la représentation, permettant de décrire l'innommable sur un mode clinique, détaché. Sur un plan plus contemporain, cette froideur procédurale évoque ce que la psychiatrie moderne et les travaux de Christopher Bollas nomment la « normopathie » : une fuite dans l'hyperrationalité pour éviter l'effondrement psychique face à l'horreur.

Cette stratégie d'isolation se manifeste dans les formulations elliptiques qui jalonnent le texte : « Supposer s'enfoncer les doigts dans les oreilles à la lueur des cris », « Convenir à un enfouissement possible avec l'intention de ne pas se faire remarquer ». Ces phrases évoquent ce que Blanchot nomme dans *L'Ecriture du désastre* « le neutre », cette zone où « le sujet se retire dans l'impossibilité de dire "je" ». La violence devient hypothèse, possibilité, fiction peut-être – exactement ce que Lacan décrit dans « La direction de la cure » comme la position du névrosé obsessionnel qui « annule » rétroactivement ses actes en les plaçant dans le registre du conditionnel, du « comme si ». L'anthropophagie suggérée – « Se goinfrer vorace le pain dans la bouche de chair cuite et de peau grillée » – fait écho aux analyses de Bataille dans *La Part maudite* sur la « consumation » et la dépense, mais aussi à la théorie freudienne de l'incorporation développée dans *Deuil et mélancolie* : le sujet dévore l'objet perdu pour le conserver en soi, créant cette « ombre de l'objet » qui assombrit le moi. Cliniquement, on peut y voir ce que Nicolas Abraham et Maria Torok appellent l'« incorporation cryptophore » : le sujet érige en lui un tombeau scellé pour un objet dont il ne peut faire le deuil, transformant son propre corps en un cimetière intérieur.

Freud écrit dans *Totem et Tabou* que « le souvenir du crime ne doit jamais s'effacer ». Or le texte montre précisément l'effort surhumain pour l'effacer et l'impossibilité structurelle de cette entreprise. « Brûler les témoignages en se méfiant des cendres », « Ignorer le drame autant que le souvenir resté tout près », « Développer des paroles obscures pour défendre son amour-propre », « Interdire à son imagination l'accès à ce qui ne se dit pas » : chaque tentative de refoulement produit un « retour du refoulé » théorisé dans *L'Interprétation des rêves.* Les traces physiques – sang, fumier, restes, fumée, puits, fosses – travaillent comme des symptômes au sens freudien : des « compromis » entre le désir de dire et l'interdit de le faire. Cette configuration évoque *Crime et Châtiment* de Dostoïevski, où Raskolnikov est hanté par les détails les plus infimes de son crime. Mais là où Dostoïevski offre la possibilité d'une rédemption par l'aveu et la souffrance, *Paradis gigogne* refuse cette économie du salut.

La structure même du texte incarne la « compulsion de répétition » (*Wiederholungszwang*) : cette tendance du psychisme traumatisé à répéter indéfiniment la scène traumatique dans l'espoir vain de la maîtriser. Les chapitres se répondent en miroir – « Comprendre un beau jour » ouvre le texte, « Reprendre le fil » le clôt – créant une structure circulaire qui emprisonne le sujet dans un éternel retour du même. Comme l'écrit Freud : « Le patient répète au lieu de se souvenir ». « Reprendre le fil et tendre à un futur pour le moins fuyard » : cette formule condense toute l'économie du texte. Le « fil » évoque à la fois le fil d'Ariane et le fil de la potence. Cette ambivalence rappelle les analyses de Kierkegaard dans *La Répétition* : « la répétition proprement dite est un ressouvenir en avant. » Cette « répétition en avant » qui n'avance jamais caractérise la névrose obsessionnelle pour conjurer l'angoisse, créant des protocoles qui donnent l'illusion du contrôle, à l'image du terme « convenablement » qui révèle le souci maniaque de la forme correcte, même dans l'horreur.

Face à cette culpabilité écrasante, le sujet développe des stratégies de survie psychique qui passent par le « clivage du moi » (*Ichspaltung*). « Scier les barreaux sauver sa peau et trouver un pseudonyme », « Remplacer aisément un anonyme par un pseudonyme décidé » : le pseudonyme fonctionne comme un double sacrificiel qui permettrait au « vrai » moi de survivre. Il joue le rôle d'un alter ego sacrifiable : c'est lui qui porterait la faute, pendant que le sujet réel tenterait de se sauver. Se nommer vrai ou faux doublé d'un saint-patron à l'imposture d'un léger souffle : l'identité est doublée, fausse, comme si le narrateur était scindé entre un « moi coupable » et un « moi innocent ». Les recherches universitaires contemporaines sur les états dissociatifs (telles que celles de Onno van der Hart) soulignent que ce type de clivage n'est pas une simple ruse, mais une fragmentation structurelle où une partie de la personnalité reste "bloquée" dans le temps du trauma (la partie émotionnelle) tandis que l'autre tente de fonctionner dans le quotidien (la partie apparemment normale).

Lacan développe cette question dans « Le stade du miroir » : l'identité est toujours déjà clivée, mais ici, le clivage atteint une multiplication vertigineuse : « Réserver à son double les pires accusations [...] Profiter d'un peu de soleil et lui faire porter la croix ». Tuer le pseudonyme reviendrait à tuer une part de soi. Cette structure fait écho au *Double* de Dostoïevski, au *Dr Jekyll et Mr Hyde* de Stevenson, ou à *William Wilson* de Poe. Mais là où ces textes maintiennent une distinction, *Paradis gigogne* démultiplie les masques jusqu'à l'indistinction : « Lancer aux juges un pseudonyme sans nom sans prénom ». Cette dissolution rappelle ce que Deleuze et Guattari nomment la « déterritorialisation », mais aussi la « dépersonnalisation » que Blanchot décrit dans *L'espace littéraire* : « Écrire, c'est entrer dans l'affirmation de la solitude où menace la fascination. »

S'ajoute à cela un « encabanement » radical. La cabane, que Gaston Bachelard définit dans *La Poétique de l'espace* comme le point central de la rêverie solitaire, devient une « chambre de l'être » où le sujet tente de reconstruire un abri originel.

Mais c'est une cabane de retrait, destinée non pas à trouver la vie mais à gérer la trace d'une mort. Donald Winnicott y verrait une tentative de recréer un « environnement tenant » (*holding*) que le trauma a brisé, tandis que la psychanalyse contemporaine pourrait y lire une recherche d'« espace transitionnel » devenu zone de confinement autistique pour se protéger d'un "environnement persécuteur". Le sujet s'y enferme pour protéger son secret, illustrant la « confusion des langues » de Sándor Ferenczi où le sujet se retire pour ne pas être pénétré par la violence du monde.

Le corps devient le lieu où s'inscrit cette impossibilité. Freud développe dans *Le Moi et le Ca* l'idée que « le moi est avant tout un moi corporel ». Ici, le corps est à la fois archive du trauma et instrument de l'expiation. Cette matérialité extrême évoque les analyses de Merleau-Ponty dans *Phénoménologie de la perception* sur le « corps propre », mais surtout les théories de Wilfred Bion sur les « éléments bêta » – ces sensations brutes que le psychisme effondré ne peut transformer en pensée – et les travaux d'André Green sur les « états limites » ou la « psychose blanche » où le sujet, incapable de symboliser, se vide de son intériorité et somatise. Le narrateur n'a pas un psychisme clair, il a un corps saturé : « Assaisonner le muscle pour l'arôme / Métamorphoser l'os humain en branche / Rivaliser avec le sol à plat ventre ».

Le recours à la régression infantile constitue une autre stratégie défensive. « Redevenir enfant reste une solution parmi d'autres », « Faire semblant ni vu ni connu un peu pour du beurre » : cette tentative de retour à un état pré-fautif relève de ce que Ferenczi analyse dans *Thalassa* comme la « régression thalassale », le désir de retourner au ventre maternel, à un stade où le moi n'était pas fissuré. Mais comme le souligne Lacan dans le *Séminaire XI*, cette régression est structurellement impossible. « Pleurer les images sensiblement vécues » témoigne de cette nostalgie d'un avant impossible à reconquérir, une quête que l'on retrouve de Proust à Beckett. On pourrait y voir également ce que Jean Laplanche appelle le « message énigmatique » de l'adulte qui colonise le monde de l'enfant : ici, l'enfant que le narrateur tente de redevenir est déjà "contaminé" par le savoir du crime.

La pulsion de vie s'exprime dans le goût du manger, du toucher, de la sexualité, mais elle est immédiatement contaminée par la pulsion de mort (*Todestrieb*) : violence des couteaux, fantasmes de pendaison, « canon de fusil au fond de la bouche ». La sexualité elle-même est traversée par le soupçon : « Intensifier le doute initiatique / Assimiler les futures rancœurs au moyen des premières émotions ». Le plaisir est anticipé comme source de déception. Le travail quotidien fonctionne lui aussi comme rituel expiatoire. « Ramasser le fumier », « Planter et semer l'épuisement » : ces formules font du labeur agricole une pénitence infinie. Freud analyse dans *Malaise dans la civilisation* que le travail ne peut jamais complétement apaiser les pulsions qu'il canalise. Ici, le surmoi exige l'effort comme si chaque geste pouvait racheter une part de la faute.

Cette quête de réparation impossible trouve son expression ultime dans l'image du paradis. Le paradis n'est jamais transcendant ; il est incliné, instable, « entraîné sur une pente naturelle ». Cette « pente naturelle » suggère non pas l'ascension mystique mais la chute gravitationnelle. « Nommer paradis ce qui s'ouvre sous la main quand le déboulé du vent joue dans les boyaux » : le paradis est un abîme intérieur, une béance viscérale qui rappelle la « béance » (*Spaltung*) lacanienne. En réalité, le « paradis » est un enfer, un gouffre, mais le narrateur s'y accroche. Le chapitre « Accéder au paradis » concentre toute l'ironie du texte. La pénitence est décrite avec une précision qui en révèle l'absurdité : « Accomplir son chemin à genoux de bas en haut ». Ces images évoquent les chemins de croix vidés de toute transcendance.

La violence souille même les images de rédemption : « Projeter du sang grenat sur les guirlandes de roses » : Ce « sans bonheur ni souffrance » final évoque l'« aphanisis » lacanienne, la disparition du sujet, mais aussi l'« ataraxie » des stoïciens. Le sujet de *Paradis gigogne* atteint un état d'apesanteur morale où le salut et la damnation deviennent indiscernables. Toutes les tentatives de rédemption échouent structurellement. Derrida analyse dans *Le siècle et le pardon* que le « pardon pur » est toujours impossible, qu'il ne peut s'adresser qu'à l'impardonnable. Cette configuration évoque les analyses de Levinas dans *Totalité et Infini* sur la « responsabilité infinie » du sujet vis-à-vis d'Autrui, qui ne peut jamais être acquittée. Le sujet reste « en otage » de sa faute.

La dernière phrase scelle cette désillusion : « Choisir un ultime geste bien inutile à la fin ». L'inutilité est affirmée d'emblée, et pourtant le geste est accompli. Cette structure gigogne – des paradis emboîtés se révélant être des enfers – incarne le « divertissement » pascalien : les hommes s'occupent frénétiquement pour ne pas penser à leur condition misérable. Chaque « paradis » se révèle n'être qu'un nouvel enfer plus profond. Le sujet est condamné à errer dans les « limbes » de Dante, cet espace entre le paradis et l'enfer.

Paradis gigogne s'inscrit ainsi dans une tradition classique interrogeant la possibilité même de la rédemption dans un monde où Dieu est mort (Nietzsche), où l'existence précède l'essence (Sartre), où le sujet est divisé (Lacan), où le pardon pur est impossible (Derrida). Cette œuvre mime les mécanismes de défense et le texte devient une métaphore du travail psychique lui-même : une quête désespérée de rédemption dans un monde où le salut est structurellement impossible. Cette impossibilité fait de l'œuvre un document clinique remarquable sur la culpabilité persistante et la condamnation intérieure qui ne peut trouver ni absolution ni apaisement.

L'écriture comme purgatoire : un manifeste

Camille Laurin

Les textes de Gilles Laffon constituent une anomalie radicale dans le paysage littéraire contemporain. Il ne s'agit pas d'une radicalité spectaculaire ni d'une posture théorique affichée, mais d'un positionnement à voix basse, que l'auteur semble traîner derrière lui comme un outil indispensable. Pour comprendre comment cette production s'établit en véritable déclaration, il faut s'écarter de la définition classique du genre — proclamatrice et bruyante — pour envisager ce que l'on pourrait appeler « un manifeste opératoire », qui définit une attitude tranchante face au monde et à l'écriture. À ce titre, l'ensemble peut être lu comme un manifeste implicite : non pas une proclamation, mais une position tenue dans la durée.

À travers le triptyque formé par *D'un cœur froid* (2022), *À peine le ciel* (2023), et *Paradis gigogne* (2026), se dessine une cohérence obstinée qui ne varie pas : mêmes choix de langue, mêmes paysages, même solitude active. Cette cohérence rare fait de l'ensemble de ses trois écrits un manifeste implicite, non proclamé mais appliqué avec une rigueur absolue. Un propos en creux, donc, qui ne s'annonce pas mais qui s'exerce. Un écrit de l'invisible : rester au monde sans l'idéaliser, écrire sans s'absoudre, persister sans croire à une issue lumineuse.

Cette création se distingue nettement des textes courants qui reposent sur un pacte implicite avec le lecteur, qui promettent une progression ou une forme de résolution. Chez Laffon, ce pacte est rompu : le texte ne promet rien, ne mène nulle part, ne répare pas, ne clarifie pas ; il insiste. Ce retrait ne relève pas d'un simple minimalisme stylistique. Il engage une conception de la littérature. Laffon refuse la hauteur théorique, refuse l'emphase lyrique, refuse le bavardage. Il récuse surtout l'illusion thérapeutique selon laquelle la littérature pourrait absoudre ou réparer. Ce refus du pacte narratif traditionnel — celui qui garantit progression et résolution — constitue déjà un geste radical. Il s'attaque à l'une des fonctions historiques de la littérature : donner forme et valeur à l'expérience.

La dimension prescriptive implicite de l'infinitif joue, notamment dans *Paradis gigogne*, un rôle décisif. Ce mode verbal, qui évacue toute trace de conjugaison personnelle, transforme le récit en consigne existentielle sans prescripteur identifiable. « Se donner pour consigne », « Se laisser dérouter par l'uniforme de l'infinitif » : l'œuvre thématise elle-même ce choix grammatical. L'omniprésence de cette forme verbale sature l'espace textuel, instaurant une valeur à la fois injonctive et gnomique. Il s'agit ici de mettre en doute le « je », car comme l'indique l'œuvre, « le moi est une rumeur » et « l'homme reste un mot », invitant le sujet à s'habiller d'anonymat en demandant : « Suis-je le premier venu pour ne parler qu'à la première personne ? ». Dans *D'un cœur froid*, l'effacement devient ontologique : « Tu n'existes pas ». Le sujet ne se raconte plus ; il se retire.

Cette configuration convoque le linguiste Émile Benveniste et sa réflexion sur l'embrayage : l'effacement du « je » détaché de toute situation d'énonciation concrète. Le sujet s'efface pour : couper du bois, allumer le feu, marcher, construire un abri, recommencer. Mais ce retrait n'est pas purement linguistique ; il est ontologique. Refuser le « je », c'est refuser l'ego lyrique moderne. Là où Rousseau fonde la modernité autobiographique sur l'affirmation de la singularité, Laffon adopte une position inverse : le moi est suspect. Ce geste rapproche son écriture d'une tradition ascétique plus que confessionnelle.

Cette ascèse n'est pourtant pas mystique au sens consolateur. Elle se situe dans une zone intermédiaire : le purgatoire. Le purgatoire n'est ni l'enfer flamboyant ni le paradis lumineux ; il est le lieu de l'épreuve prolongée, de la purification sans garantie. Or les trois livres travaillent précisément cette condition. La lumière existe, mais elle n'est jamais rédemptrice. Le ciel, dans *À peine le ciel*, ne « récompenserait » rien et « désapprend la propriété du vide » ; il n'offre pas de transcendance stable. La montée initiatique de *D'un cœur froid* ne débouche pas sur une illumination définitive ; la présence s'amenuise jusqu'à frôler l'inexistence. Dans *Paradis gigogne*, l'infinitif répète la consigne sans promettre l'achèvement. La répétition fonctionne comme une liturgie laïque : purification sans révélation. Or cette rupture ne conduit ni au chaos ni au nihilisme. Elle conduit à une discipline. « La constance, la répétition du travail façonnent les alliances ». Le temps n'est pas orienté vers une révélation, mais vers un approfondissement de l'épreuve.

On observe également une constance dans la typologie des verbes employés, oscillant entre l'action matérielle violente, la perception cognitive et le mouvement de fuite. Les propositions s'enchaînent sans subordination logique claire, renforçant le sentiment de chaos. L'absence de connecteurs logiques et la répétition de l'infinitif créent une sensation d'enfermement mimant la compulsion de répétition traumatique. Cette répé-tition n'est pas aliénation mais liturgie : la circularité transforme le quotidien en une méditation concrète, une « liturgie laïque » proche à la fois du zen et de la règle bénédictine. De là naît une antipoétique du sens : là où la poésie traditionnelle cherche l'illumination, Laffon constate que le sens y demeure fragile, fissuré, non salvateur. Cette circularité sans salut est l'exact inverse de la logique classique du récit, et c'est précisément ce refus de la rédemption narrative qui confère au texte son caractère doctrinal.

La caractéristique de ces trois textes est également celle de la matière et du primat sensoriel. Le corps brut apparaît comme seule vérité. Revenir au corps dans sa matérialité pure implique l'omniprésence de la douleur physique, des odeurs de sueur, de fumée et de pourriture, de la fatigue, de la faim, du froid. Laffon refuse toute abstraction consolatrice : le corps n'est pas l'habitacle de l'âme mais la seule réalité tangible. En célébrant la boue, le froid et la montagne — cette autorité minérale qui n'est jamais un décor mais un temple de l'immuable —, il rappelle que l'homme ne domine rien. Le silence n'est pas mutisme mais épuration : préférer le geste au mot, devenir transparent sans être totalement invisible. Se soustraire au monde n'est pas une fuite mais une affirmation ontologique : disparaître du monde pour mieux y être présent.

Laffon s'inscrit dans une lignée précise d'expérimentateurs de la vie minime : des Pères du désert à la rigueur de Wittgenstein dans sa cabane, de la lucidité acide de Cioran au minimalisme répétitif de Beckett, pour aboutir à la dissolution absolue du sujet dans le paysage des poètes chinois. Pourtant, la vie qu'il décrit est trop sombre pour devenir un simple modèle. Le retrait est contaminé par la culpabilité. Cette absence d'issue narrative consolatrice confère à l'ensemble une dimension dangereuse. La tentation de la mort est omniprésente, car les trois textes frôlent constamment le suicide — chute volontaire, ensevelissement, pendaison envisagée. Cette proximité avec la mort est constitutive d'un programme de disparition progressive. La question demeure ouverte : jusqu'où peut-on aller dans le dépouillement avant que la vie minime ne bascule dans la non-vie ?

En définitive, Laffon nous montre que la littérature peut être un exercice spirituel, une discipline de vérité. Dans une époque saturée de récits réparateurs qui ne réparent rien, il propose la seule chose qui tienne encore : l'honnêteté idéale. Ne pas tricher, ne pas enjoliver, ne pas mentir sur la manière dont on tient au monde. C'est un manifeste pour continuer sans croire à la fin heureuse. Un engagement qui ne crie pas mais qui murmure, qui ne brandit rien mais qui tient, qui ne promet rien mais qui persiste, nous offrant cette triade souveraine : « à peine le ciel, à peine la terre, à peine soi ». En frôlant l'abîme physique ou psychologique, l'être scrute le reste de son essence une fois les artifices supprimés. C'est là que se forgent la poésie radicale et la teneur dangereuse de ce manifeste.

Les *Imprimés* de la Bibliothèque de la Résidence

Mélanie Arnould, *La conciliante, 2024*
Mélanie Arnould, *Trompette,* 2022
Mélanie Arnould, *Quelques réflexions sur le cobaye littéraire,* 2018
Hubert Bacalier, *Aujourd'hui, Chef-d'œuvre,* 2020
Sylvain Bach, Nicolas l'Homme, *La décroissance littéraire,* 2017
Hervé Bailly, *Le danger de lire,* 2020
Sophie Berthier, *La farce majeure,* 2019
Yannick Blanc, *La nouvelle génération,* 2024
Yannick Blanc, *Villes et champs,* 2021
Yannick Blanc, *La lecture d'un livre,* 2019
Yannick Blanc, *La nano-écriture*, 2018
Chloé, *L'écrit vert,* 2017
Eric Dadoun, *Ce que signifie écrire,* 2018
Olivier Druon, *Nouvelles d'Asiles,* 2022
Olivier Druon, *Les mots de la contrainte,* 2020
Florence Dufour, *Chants divers,* F. Dufour, 2023
Florence Dufour, *Ligne de fond,* F. Dufour, 2022
Florence Dufour, *Autoréplication et "popullulation",* 2017
Christophe Dulieu, Sabine Masse, *Lire le son des mots,* 2017
Jacques Gaillard, *Gadgets littéraires et médias,* 2020
Serge Giocanti, *Séjours d'été,* 2022
Edouard Grandjean, *Blanche Bosco,* 2023
Aurélien Guigou, *Plaintes amoureuse*, 2025
Aurélien Guigou, *La bête,* 2021
Aurélien Guigou, *Les mots ont des oreilles,* 2019
Olivier Haussaire, *Les terres ambitieuses,* 2022
Olivier Haussaire, *Promotion de l'invertébré écrivain,* 2016

Rolfent Hayelde, *L'écriture en catalogue,* 2019
Jean-Philippe Jouette, *Objecteurs littéraires,_* 2017
Yves Kaczynski, *Le bricolage des restes,* 2020
Gilles Laffon, *Souvenirs par cœur,* 2025
Gilles Laffon, *Souvenirs & Cie,* 2021
Gilles Laffon, *Un Pseudonyme, Quelques états du Nom,* 2020
Gilles Laffon, Jean-Michel Nias, Elisabeth Wawoczny, *Vos secrets d'enfant,* 2019
Philippe Lecointe, *L'écriture en pièces détachées,* 2019
Pierre Legonthier, *La littérature à notre merci,* 2018
Frédérique Lemaître, *Les collines vertes,* 2018
Nicolas Lhomme, *Pour Demain,* 2023
Agnès Marik, *Avant, pendant et après le livre,* 2020
Agnès Marik, *Lire, écouter, parler sans merci,* 2018
Sylvie Millet, *Petites et grandes peurs,* 2021
Sylvie Millet, *Œdipe et l'Occident,* 2024
Jean-Michel Nias, *Reliquaire contemporain,* 2024
Jean-Michel Nias, *Reptiles,* 2022
Jean-Michel Nias, *Ici et là,* 2020
Jean-Michel Nias, *Entretiens avec "quelques-uns",* 2018
Isabelle Reydet, *Élections et décomposition,* 2016
Michel Richou *Artificialisation et remplacisme de l'espèce humaine,* 2021
Michel Richou, *Recels littéraires,* , 2020
Michel Rousselot, *A la recherche du nouvel ami,* 2017
Michel Rousselot, *La métaphysique poétique, Giambattista Vico,* 2016
Stéphane Sabbah, *Nouveaux soleils,* 2017
Pascal Siméoni, *La vie facile,* 2025
Patrick Simeoni, *Aventures avec vue,* 2023
Sylvie Tellier, *L'entre-deux mots,* 2019
Marc Tissot, *Travailler plus,* 2025
Marc Tissot, *Bébé mots,* 2021

Marc Tissot, *Flaubert dans la brume,* 2017
Tomjon, *La pensée gloutonne,* 2019
Elisabeth Wawoczny, *Dépouille d'Hésiode*, 2021

Cet ouvrage bénéficie d'un soutien financier dans le
cadre d'un partenariat pour la diffusion des
Imprimés de la Bibliothèque de la Résidence
Bruxelles – Genève – Paris
mars 2026.
Diffusion : www.editions-marbre.com

www.ingramcontent.com/pod-product-compliance
Lightning Source LLC
La Vergne TN
LVHW020712110826
845149LV00012B/2220

* 9 7 8 2 9 5 9 0 0 0 8 4 3 *